企业家社会资本的构建及其对社会责任的影响研究

QIYEJIA SHEHUI ZIBEN DE
GOUJIAN JIQI DUI SHEHUI ZEREN DE
YINGXIANG YANJIU

熊 婵／著

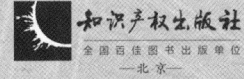

知识产权出版社
全国百佳图书出版单位
—北京—

图书在版编目（CIP）数据

企业家社会资本的构建及其对社会责任的影响研究 / 熊婵著 . —北京：知识产权出版社，2020.11

ISBN 978-7-5130-7311-0

Ⅰ.①企… Ⅱ.①熊… Ⅲ.①企业家—社会资本—研究—中国 ②企业家—社会责任—研究—中国 Ⅳ.①F272.91

中国版本图书馆 CIP 数据核字（2020）第 228018 号

内容提要

基于以往社会资本研究的成果，本书剖析了社会资本在企业不同成长阶段发挥的具体作用，即社会资本构建的动因；解释了在企业社会资本构建过程中，企业家社会地位对其的作用机制；分析了社会资本对企业社会责任投资决策的影响机理；最后对社会资本、社会责任投资决策及雇员离职率之间的关系进行了探讨。本书为我国民营企业社会资本的构建途径和方法提供了参考意见，为政府对民营企业相关扶持政策的制定提供了决策参考。

责任编辑：曹靖凯 郑涵语 责任印制：孙婷婷

企业家社会资本的构建及其对社会责任的影响研究
QIYEJIA SHEHUI ZIBEN DE GOUJIAN JIQI DUI SHEHUI ZEREN DE YINGXIANG YANJIU

熊婵 著

出版发行：知识产权出版社 有限责任公司		网　址：http://www.ipph.cn	
电　话：010-82004826		http://www.laichushu.com	
社　址：北京市海淀区气象路 50 号院		邮　编：100081	
责编电话：010—82000860 转 8701		责编邮箱：laichushu@cnipr.com	
发行电话：010—82000860 转 8101		发行传真：010—82000893	
印　刷：北京中献拓方科技发展有限公司		经　销：各大网上书店、新华书店及相关专业书店	
开　本：720mm×1000mm　1/16		印　张：10.25	
版　次：2020 年 11 月第 1 版		印　次：2020 年 11 月第 1 次印刷	
字　数：210 千字		定　价：58.00 元	

ISBN 978-7-5130-7311-0

前　言

　　"社会资本"一词由来已久，已有研究认为其有助于企业应对外部环境的不确定性，可以为企业带来独特的资源和利益，从而对企业的绩效及市场地位产生积极影响。相对于国有企业而言，私营企业的资源局限性使得其社会资本的构建与运用显得更为重要。他们往往会更积极地响应政府的号召和满足公众的需求，通过主动地寻求和构建关系来获取资源，从而克服外部市场环境和制度环境的不确定性。因此私营企业社会资本的构建及其对企业决策的影响对于中国私营企业的发展而言颇具意义。

　　基于以往对社会资本的研究，本书首先研究了社会资本在企业不同成长阶段发挥的具体作用，即社会资本构建的动因。其次从个体特征的视角解释了在企业社会资本的构建过程中，企业家社会地位对其的作用机制。再次剖析了社会资本对企业社会责任投资决策的影响机理。最后对社会资本、社会责任投资决策及雇员离职率之间的关系做了进一步的探讨。具体而言，本书主要包含以下四个部分：

　　第一部分研究了社会资本构建的动因，即社会资本在企业的成长过程中究竟发挥怎样的作用。本部分分析了在企业的不同生命周期阶段（创立期、成长期和成熟期），企业家的社会资本在企业的成长过程中如何为企业创建优势。研究结果显示，在企业的创立期，社会资本有助于企业合法化的实现。在发展期，社会资本对企业的市场战略的实施具有促进作用。在稳定期，社会资本可以帮助企业应对外部的市场危机。本研究解释了社会资本如何在企业不同生命周期阶段发挥不同的作用，对企业家的竞争战略的制定具有指导作用。

第二部分基于资源依赖理论，从企业家的社会经济地位和政治地位出发，研究其对企业社会资本构建的影响。同时考虑到企业的市场战略差异，深入分析了企业创新与国际化程度对社会资本构建的调节作用。通过对 2297 家中国私营企业的样本数据分析，作者发现企业家的社会经济地位与政治地位对企业社会资本的构建具有显著的促进作用；企业创新水平越高，企业家的社会经济地位对企业社会资本构建的促进作用越弱；而当企业具有较高的国际化水平时，企业家的政治地位则对企业社会资本构建的促进作用越强。本研究对企业家的市场战略和非市场战略的选择具有指导意义。

第三部分基于社会交换理论，对企业社会资本与企业社会责任投资之间的关系进行了探讨。本研究认为拥有社会资本的企业为了获取政治合法性，将社会责任的过度投资作为一种礼物来与政府进行互惠交换。以中国私营企业为样本，研究结果发现，企业的社会资本对社会责任的过度投资具有促进作用。同时，政府资源竞争程度对这一影响机制也具有促进作用。本研究揭示了企业运营中社会资本的两面性，它为企业社会责任的投资提供了参照。

第四部分基于认知理论，分析了社会资本和企业社会雇员离职率之间的关系，并探讨企业社会责任投资的中介作用和企业雇员薪资水平的调节作用。通过对中国 2056 家私营企业样本的分析研究，发现社会资本对企业雇员离职率具有负效应。研究结果还表明，企业社会责任投资在社会资本和企业雇员离职率之间具有中介作用，企业雇员薪资水平对这一关系有正向的调节作用。本研究为企业社会责任投资和薪资水平的制定提供了决策参考。

我国私营企业的蓬勃发展很大程度上归功于市场经济的改革和政府政策的科学指引，因此政企关系一直是企业发展的一个重要课题。当前中国各项改革业已进入深水区和攻坚阶段，亟须稳定的经济环境和适度的经济增长速度，政企关系是其中的关键一环。"亲、清"政企关系的提出，为政府官员与企业家的交往划清了边界，也为建立健康且稳定的政企关系奠定了理论基础。在此背景下，中国私营企业应该如何构建和合理地利用政企关系，为企业的发展争取正当权益，从而为经济发展做出应有的贡献？因此，厘清政企边界，为私营企业构建和谐的政企关系提供智力支持，是我们应该努力的方向。本书尝试对此问题进行初步回答，欢迎各位同仁批评指正！

本书的出版得到国家自然科学基金青年项目"创业企业会 CSR 过度投资吗？企业家社会资本和创业企业 CSR 行为的关系研究"（71702137）的资助，在此深表谢意！

熊　婵

2020 年 8 月

目　录

导 论 **1**

1.1 研究背景

1.1.1 现实研究背景

自古以来，"关系"在中国传统文化中根深蒂固，且贯穿了中国社会的整个发展阶段。在当今市场经济社会中，质量和价格等因素决定商业交易的同时，"关系"也很大程度上左右着市场交易行为的发生。对于中国社会来说，改革开放后，中国经济快速发展，开始从计划经济向市场化经济过渡。由于市场经济制度的不完善，资源配置显得不够均衡。因此，"关系"在中国当下的市场经济中起着重要的作用。为了获得尽可能多的社会资源，企业需要与政府、社区及众多利益相关者创建关系。

在这种制度背景下，企业与政府间的关系成了一种非正式制度的补偿机制。且在某种情况下，这种非正式机制的有用性甚至会超过正式制度机制。由于政府对稀缺资源和市场外部环境、制度的掌控，对于中国的私营企业主来说，企业经营中很重要的一点就是企业与政府之间的关系（邓新明等，2019）。由此可知，在企业家的社会关系网中，与政府的关系尤为重要。企业家可以通过与政府的关系预先知晓相关政策动态、从而洞察先机，进而为企业创造商机。企业与政府之间的良好关系也能为企业成长带来稀缺性资源、创造更好的条件。李洪兴（2020）认为对于当前经济发展步入新常态阶段的中国来说，各项改革已进入深水区和攻坚阶段，国家亟须稳定的经济环境和适度的经济增长速度，而良好的营商环境也成为其中关键的一环。2016 年，习近平总书记"亲、清"型政商关系的提出，为政府官员与企业家交往划清了边界，也为处理政府与市场关系提供了借鉴与启示，促进了中国新政治文化和新政治规矩的形成，为中国政企关系的良好发展指明了方向。

作为一种有价值的资源，社会资本的存在具有普遍性（周霖等，2019；Faccio，2006）。与其他非法性手段不同，企业与政府之间的关系所构建的社会资本具有合法性。通过这种社会资本，企业可以扩大自己的优势，如获取融资、享受优惠税收以及补贴等。因此企业热衷于与政府建立互惠关系，以应对外部环境的不确定性和保证自身的发展。而对于中国企业而言，这一现象则更为普遍。

一项针对私营企业家构建社会资本意愿的调查表明，想加强和政府官员之间关系的私营企业家占了 86.7%（Feng et al.，2010）；而另一项调查显示，在 IPO 的私营企业中，与政府构建良好关系的 CEO 占了 27%。已有诸多研究认为企业与政府之间的良好关系能够促进私营企业战略和绩效的改善（稽尚洲等，2019；胡旭阳，2006；吴文锋等，2008；余明桂等，2010）。通过与政府之间的良好关系，企业可以获取重要资源，从而更好地维护自身利益（曾萍等，2020；周霖等，2019；余明桂等，2010）。因此，中国的私营企业家都积极主动地构建与政府之间的良好关系，如企业雇佣有政治背景的高管或委派政府官员到企业任职等（Richard et al.，2020；吴文锋等，2008；余明桂等，2010）。这些现象存在的普遍性引起了学界的关注。目前国内外有不少学者都对此类社会资本进行了研究，如企业与政府之间的良好关系是否会影响企业的创新、企业绩效，等等。

企业的发展面临着许多不可回避的问题，而政府的干预和管制是中国企业需要解决的问题之一。通过与政府建立互惠关系，可以使企业获取更多的资源，从而，更好地参与市场竞争和提高企业的绩效（Fisman，2001；吴文锋等，2008）。而企业的成长是一个动态的过程，政企关系在企业的不同发展阶段应发挥不同的作用。同时，尽管许多企业都希望与政府保持良好的关系，但实际上并非所有的企业都主动去构建这一社会资本。社会资本的构建往往受到企业家的个人因素以及企业自身特征的影响。

此外，政企关系的存在也使得政府的控制力度增大，从而加大了企业的社会责任，增加了企业成本（周霖等，2019；Faccio，2006；Fan，Wong et al.，2007）。政企关系的建立也必然会影响企业资源的分配，从而影响相关者的利益。政企关系会促使企业将更多的投资用于关系的维护上，企业社会责任的履行作为企业促进社会福利的一种方式，往往可以更好地满足政府的需求，从而成为企业维系与政府之间关系的一种方式（Fan et al.，2007）。同时，政企关系带来的利益以及随之而来的成本对企业资源分配的影响也会涉及企业雇员的利益，进而影响企业雇员的满意度及离职率。综上，对于政企关系的建立以及对企业社会责任投资、雇员离职率的影响等问题，本书进行了详细的研究，使学者们能够更加客观地认识这些问题；同时，在中国转型期的背景下，也能深化我们对影响企业发展因素的理解，具有极强的现实意义。

1.1.2　理论研究背景

社会资本理论强调个体包含在社会网络之中。作为企业负责人，企业高管也置身于各种社会关系之中。在企业的成长过程中，企业高管与政府之间的关系极为关键（Chwee，2020；Vanhonacker，2000）。

以往学者对政企关系进行了系统的研究，归纳出部分政企关系对企业影响的积极方面，这些也是促进企业社会资本构建的因素。如政企关系政企关系对企业绩效的影响方面，Okhmatovskiy（2010）通过对俄罗斯企业的政企关系的研究，认为政企关系对企业绩效具有促进作用。在企业创新方面，曾萍等（2020）认为，政企关系可以促进企业商业模式的创新，同时通过吸收能力可以调节这一效应。吴（2011）通过对企业创新投资的研究发现，政企关系可以促进企业的创新。在市场进入方面，胡旭阳（2006）认为政企关系可以帮助民营企业保护产权、降低政府管制行业的进入壁垒具有一定的作用。在税收优惠方面，陈冬华（2003）认为市场的竞争越激烈或政府的权力越大，政府就会通过财政补贴或优惠税率等来帮助上市公司获取利益，并且政企关系越紧密，企业获得政府的优惠更大。吴文峰等（2008）研究了政企关系与中国上市公司税收优惠之间的关系，发现构建了政企关系使企业更容易获得政府的税收优惠。在信贷方面，冯天丽等（2008）对政企关系与企业借贷能力之间的关系进行了分析，研究结果显示企业的社会资本有助于企业获取国有银行贷款。

以往关于对社会资本构建的研究往往集中于企业的外部环境因素或企业特征上。而人是"关系"的载体，但以往研究对企业家与社会资本构建的影响并未给出答案。同时，部分学者认为，社会资本可以替代正式制度，使企业从政府那里获得某些稀缺资源（曾萍等，2020；Fisman，2001；吴文锋等，2008）。而这些稀缺资源则可以帮助企业改善经营状况，促进绩效，进而影响雇员福利和雇员稳定。另有学者则认为社会资本会带来行政干预，使企业负担更多的社会责任，导致企业成本增加和绩效下降（Xia et al.，2019；Faccio，2006；Fan et al.，2007）。而企业的业绩下降会影响雇员利益，从而对雇员的稳定性产生影响。

就政企关系的构建而言，已有研究大多集中于企业外部环境对此的影响。如基奥等（2009）认为，制度环境是决定企业是否构建社会资本的一个先决条件。罗党论等（2008）指出，社会资本的构建与政府行为高度相关。但很少有学者从企业家个人特征的角度出发，综合考虑企业家对社会资本构建的影响。客观看，人作为社会资本的载体，社会资本的构建首先受载体自身的影响，其次是企业外部环境的影响等。虽然已有研究提及企业家的个人特征会影响到企业的政治活动参与（如 Kebin et al.，2019；Shields et al.，1997），但目前尚没有专门针对政企关系构建的具体研究，即哪些因素可以影响以及如何影响政企关系的构建。

已有部分研究认为，由于政府掌控大量的资源，有社会资本的企业绩效要明显高于无社会资本的企业（Piyush et al.，2020；Xia et al.，2019；Faccio，2006；Fisman，2001）。一些学者则认为，政府的干预往往增加了社会资本的

成本，影响了企业资源的正常分配，从而对企业绩效具有消极影响。梁莱歆
等（2010）认为，社会资本带来的压力以及政府的预期和干预，会使企业分配
更多的资源来促进社会福利，但是对这一促进作用的程度并没有进行具体研
究。同时，已有部分研究也指出政府干预会影响企业的用人规模和成本（杨治
等，2007），从而对企业雇员的离职产生影响。但已有研究大多从社会资本对雇
员离职的直接作用出发，没有具体分析社会资本对雇员离职带来的一些间接影响
机制。

1.2　　国内外研究概况

关于社会资本构建的动因，目前研究大多将社会资本作为前因变量，来研
究其对经济、企业绩效、创新等的影响。如胡旭阳（2006）认为，对于私营企业
来说，社会资本是一种具有非常价值的隐性资产。社会资本可以提高企业的资本
获利能力。罗党论和黄琼宇（2008）研究发现，社会资本可以增强企业竞争力，
对企业价值的提升具有促进作用。潘红波等（2008）研究发现，社会资本对企业
产权具有保护作用。吴（2011）、曾萍等（2020）认为政企关系对企业创新具有
明显的促进作用。

目前国内外关于企业家社会资本构建的研究还较少，国内外的研究大多集
中于企业高管个人特征与企业政治行为之间的关系。如希尔兹等（1997）认为，
教育程度是影响政治参与的一个重要因素，较高的教育程度意味着企业家具有更
好的公众形象，从而获得公众与政府的信任。同时，教育可以增加个人的政治
修养，提高个人的政治认知与政治觉悟，降低政治参与学习成本（Shields et al.，
1997），这种优势往往可以促使个人参与政府活动。

目前关于政企关系与其社会责任投资行为之间的关系，部分国内学者已进行了研究。如山立威等（2008）认为，私营企业的捐款积极性和捐赠水平都高于政府控制下的上市企业。杜兴强等（2010）研究显示，具有社会资本的大多数私营企业都会参与社会公益性活动。张建君等（2005）的研究结果显示，参与社会公益活动是私营企业与政府构建关系的方法之一。罗党论等（2008）认为，利用社会资本可以帮助企业规避市场风险和获取有利信息，可以促进企业竞争力的提升。

国外关于政企关系与其社会责任投资行为关系的研究起步较早。如普费弗等（2003）认为，企业并不拥有所有企业持续发展急需的相关资源，一些资源只有通过其他一些渠道来获取。社会资本可以为企业提供更多的好处，如享受低税率和获取关键性资源等（Faccio，2006）。因此，社会资本作为企业的一种重要资源，需要采取一定的途径来进行构建和维护。在政府需要企业支持的时候，企业应该为其提供帮助，如在救灾时期或倡导政府理念的时候。而企业的这些行为可以增加政府对其的信任，从而获取更多的关键资源。内黑塞尔（1994）认为，企业捐赠结合了利润最大化模式和利他主义模式。黑根等（2000）认为，为了降低成本和增加收益，企业会用捐赠的形式向政府寻租。企业可以通过不断的捐赠将企业包装成"慈善企业"，继而获取政府资源来建立自身优势。

已有的对社会资本与企业雇员离职率关系的研究，大多集中于社会资本对雇员满意度和组织承诺的影响。有研究认为，具有社会资本的民营企业会积极地维护其政治地位，从而服从政府的安排或积极地参与政府倡导的公益事业（潘克勤，2009）。梁莱歆等（2010）认为，具有社会资本的企业会受到政府的就业干预，雇佣更多的员工。然而雇佣规模并不等同于雇员稳定。社会资本对雇员离职率的影响机制目前还没有得到更充分的解释。

综上所述，已有研究大多从外部制度环境和企业特征来研究社会资本的构建，而忽略了企业家个人特征的作用机制。社会资本与雇员离职率的关系研究又大多关注于其直接影响，而忽略了社会资本到雇员离职率之间的间接作用机制。

这种递进的间接关系往往可以更好地解释社会资本如何影响企业雇员的稳定性，以及为何社会资本对雇员离职率产生影响。

1.3　主要研究内容

已有研究认为，社会资本可以提高企业的竞争优势（Xin et al.，1996）。而对于私营企业来说，有限的资源及经验的缺乏使其更容易遭受危机，从而更需要参与政治活动、建立政企关联克服外部制度及环境的不确定性。本书首先分析企业构建社会资本的动因，即社会资本在企业成长的不同阶段的作用。然后从企业家个人特征的角度分析其如何影响政企关系的构建，以及企业相关战略在这种机制中会产生什么样的作用。

企业社会责任（Corporate social responsibility，CSR）（如捐赠等）的履行可以更好地获得政府的青睐，是企业构建良好政企关系的载体，也是政企关系成本的一个重要组成部分。已有研究指出，企业的社会资本可以促进企业的社会责任履行（如贾明等，2010）。但社会资本到底多大程度上促进了企业社会责任的履行？这一促进到底是有利于企业发展还是不利于企业发展？企业要获得政府的信任与青睐，该不该在企业社会责任上过多投入等问题并没有得到很好的回答。本书对企业社会责任的过度投资进行了预测，研究了政治关系是否会导致企业社会责任的过度投资行为，以及这种行为如何受到区域政府资源竞争水平的影响。

在上述研究的基础上，本书对社会资本如何影响企业雇员离职率以及企业社会责任投资在这一影响机制中的中介作用进行了研究。

本书基于资源依赖理论、社会交换理论和认知理论，以社会资本的作用及其构建为基础，研究了社会资本、社会责任过度投资和雇员离职率三者之间的关系，重点从企业家个人特征的角度研究了政企关系构建的前因、社会资本对社会责任过度投资的影响以及这一机制如何进一步影响企业的雇员离职率。本书研究主要包含以下内容：

（1）政企关系构建的动因：社会资本与企业成长

以往对政企关系构建的动因大都从社会资本对企业绩效或创新的影响等进行单方面研究，但企业的成长具有动态性，社会资本在企业的不同生命周期应该发挥不同的作用。本书基于以往研究对企业生命周期进行了划分，探讨社会资本在企业不同生命周期中的作用，即从动态的视角来研究社会资本在企业成长过程中的不同作用机理。

（2）企业家的个人特征对其社会资本构建的影响

以往关于企业家社会资本的研究大多关注企业家的个人动因以及外部环境对社会资本的促进作用。而对企业家的个人特征与其社会资本构建之间关系涉及甚少。本书从企业家个人特征角度出发，研究企业家的社会经济地位和政治地位如何影响政企关系的建立，同时考虑不同的企业战略下这一影响机制的变化。即企业在不同的创新及国际化程度下，这一关系会发生何改变。

（3）社会资本对企业社会责任投资的影响

本书分析了企业家在社会资本的利用过程中，企业是否会产生社会责任过度投资的行为，同时考虑政府资源竞争对这一关系的影响。借鉴以往学者的定义、方法和相关研究的文献，本书着重对社会责任的过度投资进行了预测，并基于预测的结果，研究了社会资本对其的影响。

（4）社会资本对雇员离职率的影响

社会资本对雇员离职率是本书研究的第四个重点。目前关于社会资本与雇员离职关系的研究较为匮乏。本书对社会资本与雇员离职率之间的关系进行了分析。为厘清社会资本对雇员离职率的间接作用机制，本书还研究了企业的社会责任投资在社会资本与雇员离职率中的中介作用。同时，本书还将雇员薪资水平放入研究模型中，考虑雇员薪资水平的调节作用。

1.4　研究方法

本书采用理论与实证分析相结合的研究方法。具体的研究方法包括研究综述、理论分析和实证研究。

（1）研究综述

基于对以往社会资本的相关文献阅读基础上，本书对社会资本的已有研究进行了分类和梳理。具体为社会资本的相关概念、社会资本的构建、社会资本与企业社会责任投资的关系、社会资本与雇员离职率的关系。通过研究综述，梳理了社会资本研究的相关概念和主要结论，为分析研究提供理论基础。

（2）理论分析

基于相关理论基础，分析了社会资本相关理论和社会资本背景，包括社会资本的建立动机、社会资本与企业社会责任投资和雇员离职。理论分析可以为实证研究提供良好的理论支持。

（3）实证研究

首先本书对社会资本构建的动机，即社会资本对企业成长各阶段面临的不同问题的影响进行研究。其次，对企业家个人特征对社会资本构建的影响以及这种影响如何受企业创新和国际化程度的影响进行分析。再次，本书对企业社会责任的过度投资进行了测量，对社会资本在企业社会责任过度投资中的作用以及地区政府资源竞争程度的调节作用进行了研究。最后，本书分析了社会资本、社会责任投资和雇员离职三者之间的关系。

本书采用的实证方法包括多层回归模型、probit 多元回归模型、混合模型和二阶段回归模型。

1.5　研究意义

理论意义：很多研究论证了社会资本对企业的影响，但对于社会资本构建的前因却探讨较少。本书从企业家个人角度分析其与社会资本构建的关系，厘清了社会资本构建中的个人影响机制。分析了企业不同战略对企业家资源分配及利用的影响，丰富了企业战略领域的研究。在社会资本与企业社会责任的关系方面，一些学者论证了两者间的积极作用，但对于社会资本到底多大程度上促进了企业的社会责任行为，以及这种促进的合理性并没有进行研究。本书将社会资本与企业社会责任投资的合理性联系起来，分析了企业社会责任过度投入中的个人影响因素，促进了企业战略领域的研究。在对社会资本与企业雇员满意度关系的研究上，本书分析了企业社会责任投资在社会资本与雇员离职率之间的中介作用，剖析了社会资本与企业雇员离职率之间的间接影响机制，为已有研究提供了佐证。

实践意义：本研究有助于企业根据现阶段的问题，合理地构建和利用社会资本，从而有利于企业家更理性地构建和利用社会资本，以及对企业资源进行更合理地支配；有助于企业家更理性地去看待企业的社会责任行为，更好地权衡社会责任投资这一类社会资本成本投入的合理性，为企业的社会责任投资提供理论参照；有助于指导企业如何在满足政府要求、获取政府资源的同时更好地控制用人规模，为企业的资源分配提供更科学的理论指导依据。

文献综述 **2**

关于社会资本的研究是近年来战略研究领域最活跃的课题之一，国内外学者的努力使得社会资本的相关研究不断丰富与完善。本章拟从如下逻辑结构就社会资本对企业社会责任投资与企业绩效的已有成果进行综述：首先概要介绍社会资本的定义，其次对国内外社会资本的构建与企业社会责任投资和雇员离职率之间的关系研究进行综述。

基于对以往相关文献的充分阅读，本章将对内容相近的文献进行评述，并在综述的基础上探寻研究的创新性和可行性。

2.1　社会资本

2.1.1　社会资本的定义

"社会资本是指个体或团体之间的关联——社会网络、互惠性规范和由此产生的信任，是人们在社会结构中所处的位置给他们带来的资源"。本书中"社会资本"一词主要专注于企业家与政府之间的关系。约翰逊等（2003）定义社会资本为企业高管与政府官员之间的关系。伯特兰等（2004）认为若企业 CEO 具有政府工作经历，该企业就属于社会资本企业。法乔（2006）认为企业高层与政府高官具有关系或曾担任政府官员，该企业就具有社会资本。王（2010）认为若企业的股东是选举委员会成员，该企业就可以称为社会资本企业。

社会资本最初主要专注于经济体制转型国家的研究，但部分学者研究认为社会资本的存在具有普遍性。菲斯曼（2001）通过对印度政企关系研究，发现社会资本对企业绩效具有促进作用。法乔（2006）通过对跨国企业的研究，发现社会资本具有普遍性。Okhmatovskiy（2010）对俄罗斯企业的社会资本进行了研究，他把政府关联和国企关联进行了区分，结果显示社会资本的类别不同，其对企业绩效的影响就不同。高曼等（2009）则专门对美国企业的社会资本进行了研究，研究发现社会资本对企业的绩效具有促进作用。

制度理论分为正式制度和非正式制度。按照制度理论的观点，社会资本属于非正式制度。非正式制度存在于人际沟通中、运行于社会规则中，是以道德观念、文化传统、风俗习惯等约定俗成的。而正式制度是通过正式形式来建立和确定的，例如经济法规、法律等。虽然人们的活动规则被这两种制度约束，但正式制度和非正式制度存在着相互替代的关系。当正式制度出现疏漏或错误，非正式制度就可以进行弥补，有了非正式制度的协助和支持，社会活动才能顺利进行。在市场经济发展不全面的情况下，一些市场规则和法律难以充分发挥其约束作用，大部分社会活动反而被非正式制度约束，如个体与组织之间的交互等。因此社会资本这一非正式制度对私营企业的运营意义重大。

已有相关研究对社会资本进行了定义，如布须曼等（2004）发现，当企业股份由政府控制的时候，该企业就有社会资本。罗伯茨（1990）认为，如果企业与官员之间有利益往来，则该企业就是社会资本企业。弗格森等（2008）对部分德国企业进行研究发现，若企业高管与执政党有交集，该企业就是社会资本企业。Jayachandran（2006）认为企业的政治捐赠可以作为衡量企业是否存在社会资本的标准之一。范等（2007）通过对中国企业的研究，认为企业高管有政府工作经历，就可以认定该企业就是社会资本企业。

对社会资本的界定，国内学者也进行了相关研究。潘红波等（2008）认为，如果企业高层具有政府工作经历，那么该企业就可以称为社会资本企业。吴文锋等（2008）将社会资本的定义扩大到一定范围，他认为社会资本包括政府持股和一些企业高层建立的隐性社会资本，如高管在政府部门任职等。王利平等（2010）认为高管和大股东都属于企业高管，如果此类人员曾有过政府工作经历或与政府有交集，那么该企业就属于社会资本企业。徐等（2013）认为，社会资本可以分为两类，一类是由法律保障的政企关系和政企合作，此类是受保护的社会资本；另一类是不受保护的社会资本，主要指企业与政府官员之间的个人关系。

综上，对社会资本的界定目前尚未得到学界的统一。国内研究主要集中于企业与政府和政府官员之间的关系。国外研究的侧重点不仅包括议员和政府官员、公益捐赠等企业行为也被考虑进了社会资本的研究范畴。由于国家之间不同的经济和政治体制，因此中外研究存在着一定差异。

关于中国政企关系的相关研究，学者们还考虑了企业是否属于国有企业这一问题。中国的国有企业作为国民经济的一个重要组成部分，其主要受政府控制。一些学者将国有企业纳入了研究范畴，对国有企业和民营企业的社会资本分别进行研究。结果发现不同性质的企业受到政府的重视程度不同。因此，国有企业和私营企业之间的社会资本是有所区别的。但是也有部分学者认为政府一般对大多数国有企业会提供优待，国有企业的社会资本属于自然存在的一种关系，从而应该将国有企业的这一社会资本排除在研究范畴之外。

2.1.2 社会资本的分类

从根本上来说，社会资本的特殊性在于它不仅体现企业与政府官员之间的私人关系，同时也体现了企业的政治参与、政府人员对企业的参与和干涉（曾萍等，2020；胡旭阳，2006）。社会资本也可以分为明确的和不明确的两种，明确的指建立在制度基础之上的社会资本；不明确的则是指社会资本建立在文化基础上，政府对政府官员及其子女参与企业经营具有严格的限制。2001 年 2 月 8 日，中共中央纪律检查委员会提出禁止政府官员及其家属涉足商业行为。在这种大的外部政治环境下，企业无法委任政府官员及其家属成为企业高层，这一社会资本的建立途径很难成立。胡旭阳（2006）认为，中国的政治体制使得中国企业高层的政治背景成为社会资本建立的首要方法。

其次，有研究指出外国企业的社会资本对企业发展有利，但中国企业的社会资本大多会对企业产生不利影响。Li 等（2008）认为社会资本可以分为主动型和被动型两种。主动型社会资本指企业通过分析相关人员的政治背景，选出那些有能力为企业提供更多资源的人担任企业高管，通过对这些资源的利用使得社会资本有利于企业的发展。而被动型社会资本是政府主动要求与企业建立的社会资本，而且企业对这种关系的建立没有选择权。

2.1.3　不同类型企业的社会资本的区别

中国的市场机制改革使得中国市场成为多种所有制共存的一种状态，并且促进了近几十年中国私营企业的迅猛发展。较为完善的市场机制主要由市场来发挥作用，市场机制可以引导企业家更积极地参与相关商业组织，从自发的社会活动中获取更多的资源。但如果市场经济发展不够完善，政府就会对市场进行不同程度的干预，而为了获取政治保护和维护自身利益，企业家就必须投入更多的精力、财力与政府进行假设，从而构建社会资本。

由于中国市场是从计划经济转变而来的，许多国有企业自身所拥有的社会资本使得其与政府的关系更加密切。国有企业的高管委任和企业并购、重组等使其社会资本呈现多元化态势。就企业性质而言，国有企业的社会资本具有先天性。因此比较两种不同的企业，国有企业和私有企业的社会资本有着本质差异（安灵等，2010）。由于国有企业主要由政府控制，国有企业的高管出于自身的政治考虑，往往会在社会资本上投入更多，因此其社会资本的相关成本属于一种企业内部循环。国有企业通过正式的社会资本能够得到政府的保护，而政府也能在国有经济活动的参与中受益。

相对于国有企业和外资企业，私营企业在社会资本的构建时更依赖于高管个人与政府之间的关系。企业高管代表着企业形象，他们在社会活动中的投入对企业的成长影响巨大。私营企业"新希望"的内部管理主要由高管负责，董事长刘永好先生则将约 76.2% 的时间投入到非市场活动中。而国有企业海尔公司的董事局主席、首席执行官张瑞敏先生在社会活动中的投入时间则较少。相对于国有企业而言，中国私营企业为了给自身创造更好的企业发展环境，其高管往往会花更多的时间投入到非市场活动中。

结合以往的研究，国有企业在社会资本的利用上比私营企业更具有优势。王等（2008）以国有企业为样本，发现社会资本的作用可以左右企业的正常运营及人员雇佣的决策制定。如私营企业往往会解雇业绩不佳的高管来减少企业的损失，但面临类似问题的时候，国有企业往往会利用政府补贴等相关方式来弥补损失。杜等（2010）对私营企业进行了分析，认为私营企业可以利用企业与政府建立的社会资本来抗衡国企的这种特殊资源优势。私营企业可以聘请有政府工作经历的人担任企业高管来建立社会资本，从而使得企业在税收、贷款、土地资源及项目审批等方面获取利益。而对于没有社会资本的私营企业来说，其资源的获取则需要从多方面来寻求合作以维持优势。

中国政治、经济发展历程的特殊性使中国企业的社会资本具有先天性特征。基于以往的制度和文化，中国的市场实现了市场经济对计划经济的替代，虽然这一制度的改革削弱了政府对企业的影响，但由于目前市场机制的不够完善，政府对企业的这种影响仍然十分普遍。在这种市场和政治环境下，企业的生存发展较大程度上需要依赖社会资本。尽管中国正处于关键的转型期，但政府对企业干预的减少需要完善的法律体系和市场制度来弥补。然而目前中国法律制度的不完善却使其无法弥补这种失衡现象。因此，虽然转型经济下政府的市场干预程度有所减少，但在目前的市场和法制下，整个市场的运营在很大程度上还需要依赖于政府。

此外，相较国有企业而言，私营企业的社会资本则不是本身所具有的。在日益激烈的市场竞争下，国有企业的社会资本使私营企业处于不利的位置。同时，相对于国有企业，私营企业在其成长过程中缺乏完善的法律体系的保护，所以私营企业在竞争中更容易处于被动地位，而社会资本可以帮助他们削弱这一竞争劣势。因此，就中国目前的市场和政治环境而言，私营企业出于自身利益的考虑，他们往往会主动构建社会资本。

2.2　企业家社会资本的建立

在已有社会资本的研究中，学者们更多地将社会资本设定为一种前因变量来分析其对企业不同方面的影响。如在经济层面，约翰逊等（2003）认为具有社会资本的企业出于自身利益考虑，会利用其与政府的关系来谋取私利，从而对企业带来消极影响。从企业绩效、创新等方面来看，曾萍等（2020），黄新建等（2019）及胡旭阳（2006）认为，私营企业所构建的与政府之间的关系对企业而言意义重大，它能提升企业的获利能力。夏等（2019）、罗党论等（2008）的研究表明，企业对与政府之间关系的利用可以得到政府更多的补贴和支持，从而提高企业竞争力。此外，在一定程度上，与政府之间的关系还能弥补法律的不完善之处，对企业产生保护作用，从而保证具有政府关系企业的成长和发展（潘红波等，2008）。吴（2011）则认为，企业与政府关系对企业创新有着明显的激励作用。

2.2.1　社会资本构建的动因

一般而言，企业会通过任命有政府工作经历的人为高管或通过参与社会公益等活动来构建社会资本。而社会资本作为一种社会联系，其主体为企业和拥有政治权力的个人。

不管是处于转型经济中的发展中国家还是发达国家，社会资本的现象在各国企业中都广泛存在。谢弗（1995）认为企业社会资本的理论基础包括利益相关者理论、互惠理论、成本理论和资源依赖理论。关于社会资本构建的动因，以往学者主要从以下几个方面进行了研究：

（1）社会资本可以促进企业的财务绩效

企业构建社会资本的主要目的是为企业制订有利的公共政策、获取政府资源和促进企业的发展（Okhmatovskiy，2010）。首先，社会资本的构建使得企业家可以参与政府决策，社会资本的利用可以提升企业价值和保证企业的社会合法性。其次，参与政治活动往往是企业解决一些特殊问题的主要途径。以往研究分析了社会资本对企业创新和资源获取等方面的影响，相关结论表明社会资本可以促使企业获取资源，提升企业的创新能力。如陈晓等（2001）发现，由政府参与盈余管理的上市公司，可以通过税率优惠和政府补贴等方式降低企业的实际税率，从而提升企业绩效。罗党论等（2008）发现，中国私营企业董事会成员的政治背景对公司价值会产生正面影响。胡旭阳等（2008）认为，民营企业的社会资本对企业的投资多元化具有积极影响。

（2）社会资本有利于企业家的个人发展

企业家积极构建社会资本的另一个动因就是社会资本可以促进个人社会地位的提升。如凯姆等（1986）认为，企业家可以通过参与政治来制定和影响公共政策，从而保证企业家的经济和社会地位。国内部分研究还提及了企业家构建社会资本的个体动因。有研究认为，企业家构建社会资本的根本动因是经济利益，即企业构建社会资本的终极目的就是经济利益的提升。同时，对于私营企业家而言，构建社会资本也是提高个人政治地位的一种途径。

（3）社会资本可以降低企业风险

在经济转型市场中，企业竞争的关键资源往往由政府掌控。而政府政策的制定和执行会对企业的运营产生较大影响，政策的不确定性会导致企业面临较高的风险，从而影响企业的竞争地位和绩效（Piyush et al.，2020；Shaffer，1995）。所以企业积极地构建社会资本可以改善自身经营环境。转型经济中的法律制度不完善、市场环境的不确定，使得企业需要更好地处理企业与政府之间的关系，依靠政府资源支持来降低企业成本。Zhang 等（2020）、彭等（1996）也认为，转型经济中不完善的制度，市场会对企业的市场策略的执行产生阻碍，进而促使企业更多地利用外部关系，而政府则是企业外部关系的关键主体。

（4）社会资本对社会责任的促进

个人价值的实现是企业家构建社会资本的动机之一。企业家可以通过政治参与提出有利于企业发展的相关政策，并推动政府将相关政策纳入相关法规，从而提升个人价值和企业绩效。与普通企业相比，社会资本企业会被更多的社会力量所关注和监督，如大众媒体和行业协会等。为了维护政企关系及自身的政治身份，企业家会更注重企业和自身形象，从而积极主动地履行社会责任。但目前这一方面的研究较少。

2.2.2　社会资本的构建途径

社会资本的获取途径主要有三种：一是出于企业发展的目的，由企业主动与政府建立的社会资本。二是由于自身性质等原因，企业被动地与政府构建的社会资本。三是基于社会网络，企业家以自身的关系为契机构建的非正式社会资本。

（1）企业主动构建的社会资本

政府对市场规则的制定以及对关键资源的控制使其对企业运营产生较大影响。政府政策的制定既可以促进企业市场战略的实施，也可以阻碍企业市场战略的实施。因此许多企业致力于社会资本的构建。企业主动构建社会资本，即企业家通过一定方式积极获取政治身份或使企业部分股权为政府所有等手段与政府建立起合作。这种社会资本的构建包括企业家参与工商联等社团组织（张祥建等，2010），或成为人大代表和政协委员，这可使企业拥有更多的话语权，也使得企业家有机会认识更多的政界人士，为其政治地位和企业资源的获取创造条件（黄新建等，2019；Li et al.，2008）；此外，企业可以通过政府委派至企业的政府官员来获取资源，同时为企业与政府之间的利益往来搭建桥梁。而让政府参与企业运营则能够使政府与企业的利益产生一致性，促使政府为企业提供相关的法律与制度保护。企业主动建立关系使企业可以靠近关键资源，可以促使企业获取相关利益。政府持有企业股权可以使企业与政府成为一个利益共同体，从而进一步巩固企业的社会资本。总而言之，企业主动与政府建立关系既可以提升企业公众形象和企业话语权，进而给企业带去更多的优质资源，提升企业竞争力。

（2）企业被动构建社会资本

一些企业的社会资本是由于自身性质等因素而与政府自然构建的，是一种被动关系。这种社会资本的形成方式主要包括两种，一是企业部分股权归政府所有，政府具有一定的控制权；二是由政府委派相关人员在企业任职。此类企业由于自身原因与政府保持一定关系，此类企业不需要主动建立社会资本，他们更容易在社会资本中获取经济利益（Li et al.，2008；Shaffer，1995）。

（3）非正式社会资本

正式的社会资本指企业家通过政治、社会活动或政府拥有企业股权而建立的关系，此类分析一般都建立在法律和制度基础之上。然而由于市场制度的不完善，非正式的社会资本也经常出现。非正式的社会资本建立在私人社会关系基础上，且不在制度的保护范围内，属于一种隐性关系。其形成包括两种方式：一是企业通过雇佣政府相关人员在企业担任要职来建立与政府之间的关系(潘红波等，2008)。二是企业与政府官员之间具有的私人关系，如亲戚和朋友等。这类关系属于企业的隐性社会资源，他们可以帮助企业与政府建立联系，且具有私密性。由于此类社会资本不受法律及制度保护，因此这类社会资本具有不稳定性。同时由于很多企业并不对外宣扬这种关系，在社会资本的相关研究中，此类社会资本并没有受到更多的关注。

目前国内外关于企业家社会资本构建的研究还较少，国内外的研究大多集中于企业高管个人特征与企业政治行为之间的关系。如嵇尚洲等（2019）认为，选聘政府官员作为独立董事是建立社会资本的一种方式，并认为这种政治联结对企业绩效产生较大的影响。希尔兹等（1997）认为，教育程度会极大地影响个人的政治参与。较高的教育程度意味着企业家具有更好的公众形象，从而获得公众与政府的信任。同时，教育可以增加个人政治觉悟和增强个人的政治修养，降低政治参与学习成本（Shields et al.，1997），这种优势往往促使个人积极参与政府活动。

2.3　社会资本与企业社会责任投资

2.3.1　企业社会责任

很多学者及组织对企业社会责任下过定义，"企业社会责任"（Corporate Social Responsibility）的最早描述，1924 年由美国学者谢尔顿（Oliver Sheldon）提出。他将企业社会责任与经营者的责任相联系，认为道德因素也是企业的社会责任之一。因为企业是一种社会的经济组织体，他们的责任包括社会共同利益的提升。同时，企业还担负着培养和发展人类价值观的责任。因此大卫（1960）对企业社会责任从两面性进行了分析：第一是企业社会责任的经济性。第二是企业社会责任的非经济性。卡罗尔（2005）认为，企业社会责任是在某个周期内公众希望的企业表现。同时，国内学者也对此进行了相关探索。卢代富（2002）的一项研究提出，企业社会责任就是保证企业财务绩效的同时，企业所履行的社会公益行为。周祖城（2005）研究指出，对企业社会责任可以根据责任范围分为两类，一类包含法律和道德责任等，另一类只包括道德责任。陈永正（2005）研究指出，企业社会责任是企业与相关利益者的互惠活动，是一种企业外部环境促使下产生的关系。企业的社会责任不会自然形成，而是企业与公众及利益团体的互动行为所产生的，是外部利益相关者的要求和观念促使而形成的。企业社会责任不应该从道德或法律的角度来概括。另外一种观点是基于社会学的视角产生的，如聂辉华（2003）认为企业实现自身经济利益的同时，还应该考虑相关利益者及大众的利益。即企业要产生经济利润，也应该考虑社会福利。因为从根本上来说，企业是一个复杂的社会网络节点，它是一种经济体，也是一种社会体。

综上所述，由于社会机制发展不健全而导致的社会问题的出现，使得企业社会责任的履行变得越来越重要。尽管企业的主要责任是营利，但企业营利性背后的社会性才是促使企业社会责任履行的基础。而企业社会责任的定义和具体范围的界定也基于时间的推移和社会制度的改变而改变。互联网时代的到来使得企业必须要随时面对外部相关利益者，企业间以及企业与公众互动活动的增加，使企业的公众表现显得尤为重要，因此社会责任的履行也成为企业不可回避的一个话题。

2.3.2　企业社会责任的表现形式

就社会责任的发展而言，最初的研究指出，企业自愿性的慈善捐赠是社会责任履行的主要方式，后期的社会责任范围则更为宽泛。由于信息时代的企业与公众交互行为的增加，企业社会责任扩充到了广大的利益相关者的范围，包括企业合作者、员工等。社会和经济形态的改变促进了企业的发展，也使得企业社会责任履行的方式发生了变化。以前研究认为企业捐助是企业履行社会责任的主要方式，但后来更为深入的研究则将企业社会责任进行了细化和分类。如孔茨（1980）提出企业社会责任可以概括为三个级别：首先是相关责任，这种社会责任认为企业应该在能力范围内尽量为社会服务和奉献社会。其次是本质责任，即企业不会主动积极地去履行社会责任，不损害社会利益的同时也不会为了公益而妨碍自身的发展。最后是基本责任，是基于法律基础之上企业必须履行的社会责任。卡罗尔（1991）认为，企业社会责任是一个复杂的综合体，其中包含基本的经济法律规范所要求的范畴，也包含大众所希望企业履行的道德和慈善范畴。因此企业社会责任并非独立存在，而是社会大众对企业在一定时间周期内的综合期望。

企业作为一个经济体，营利是首要目的，然而企业的生存和发展逃离不了法律体系的约束，同时为满足消费者的需求和获取大众的认可，相关社会责任的履行也变得不可或缺。基于企业社会责任的复杂性，一些学者对其进行了进一步的分层和剖析。卡罗尔在 1991 年最早提出了企业社会责任的"金字塔模型"。这一理论的提出对诸多学者的后续研究产生了影响。他认为最底层的为企业的利益责任，中间层为法律责任，最高层的为伦理责任。刘亚莉（2007）也提出了相似的观点，她将社会责任分成三类。第一类是企业的基本属性和目的，即企业的营利责任。第二类强调相关法律法规对企业的行为约束性，即企业的法律责任。第三类属于最高层次，即企业从社会道德层面出发而主动履行的社会责任。

结合以往研究，更多的学者将企业社会责任划分到道德层面。道德是一种凌驾于企业基本属性和社会法规之上的、更为高尚的、为全社会民众所追求的精神层次。因此企业在日常运营与市场决策中，不仅要考虑利益的最大化、社会法律的规范，部分社会道德责任也应该被考虑在内。

孔令军（2008）提出企业应该重视自身的伦理责任。他认为是企业伦理的形成促使企业参与社会责任相关的活动。因为企业的核心是追求经济利益，遵纪守法是社会规范所强制企业必须遵守的，只有社会责任的履行是全然基于企业的伦理道德水平。

　　屈晓华在 2003 年的一项研究中提出，在企业社会责任概念发展的初期，其只涵盖法律和经济两个方面。而急速的社会发展和社会互动方式的转变使得企业不得不重视外部利益相关者的利益，着手企业伦理文化的建设。基于这一考虑，企业社会责任的伦理层次被提出，而且成为解释企业社会责任相关行为的主要方式。屈晓华（2003）对企业社会责任的概念进行了更具体的界定。他从经济层面、法律层面、环境保护层面和社会文化层面对企业社会责任进行了细化。该研究也将企业社会责任的履行归为伦理范畴。

　　企业的资源有限，而社会责任的履行意味着企业必须将资源的一部分分配于公益事件中，从而导致企业运营成本的增加。因此社会责任的履行涵盖经济利益和伦理责任。它既是企业道德伦理的表现行为，也会导致内部利益相关者的利益损失。但从长期来看，企业社会责任的履行可以为企业带来知名度、美誉度和品牌价值的提升，因此它也是企业的重要市场战略之一。

　　诸多企业热衷于慈善捐赠从而提出了一个课题，即"何为企业社会责任履行的动因"。根据经济学的基本原理，企业创建和运营的根本目的是利益的最大化。已有的研究对于动因这一问题进行了一些研究，具体而言主要包括两个方面，即经济动因和政治动因。涉及经济动因大多是从企业行业、高管特征、企业运营、企业发展和企业规模等出发的。另外，企业社会责任所形成的广告效应和品牌效应也是诸多研究者所强调的动因之一（山立威等，2008）。就经济动因而言，企业对社会责任的履行更像是一种市场的战略部署。而对于政治动因来说，由于中国的资源大部分掌控在政府手里，企业的日常运营往往要考虑政府的政策法规和外界的政治环境。政府在企业的运营和发展中起着关键的作用，政府的政策激励甚至强迫企业去履行社会责任。在市场机制不健全的前提下，对企业社会责任的研究必须要将政府的干预及企业的政治动因考虑在内。也只有如此，对企业社会责任的研究才能更为具体和翔实。

2.3.3　企业社会责任的理论基础

资源依赖理论认为生存与发展是企业家最关注的问题（Hillman et al.，2009）。一个企业往往不可能具备生存与发展所需的所有资源，因此外部资源的可获得性直接决定了企业的发展。企业与外部环境中的政府机构、金融机构、供应商、中间商等之间的关系直接决定着企业资源的供给。企业与外部因素的相互依赖和互惠组成了一个动态网络，企业需要在这个网络中协调其与其他组织之间的关系。资源依赖理论主张企业依靠互惠互利行为从外部利益相关者那里获取资源。

企业在日常运营中如何更好地建立与外部资源拥有者的关系，从而在需要的时候顺利获取资源是企业发展的关键。在企业的诸多外部利益相关者中，政府往往掌控着大量关键性资源，如资金、土地等。企业的生存离不开政府相关部门的审批，而政府部门的资源支持对其发展也至关重要（黄新建等，2019；潘红波，2008）。企业如何构建和维系与政府之间的关系成为企业必须面临的一个重要课题。而社会资本恰恰为企业提供了一种有利的途径，通过社会资本，企业可以更好地维系与政府之间的关系和获取需要的资源（王永贵等，2019；Li et al.，2008）。一旦建立了社会资本，企业可以通过与政府之间的关系参与政府政策的制定，使政策制定的方向更有利于自身发展。同时，企业还可以获取优惠税率、更方便的融资渠道等。已有研究指出，企业与政府关联越紧密，其获取资源则更容易，获取的利益也更大。

转型经济体制下政府对资源的掌控往往使得企业的运营更多地需要依赖政府。为了维系其与政府之间的关系，企业需要做出一些互惠行为来与政府进行利益交换。很多情况下，许多社会问题不能由政府依靠自身资源来解决，如自然灾害、市场就业问题等，这种情况下，政府往往需要依赖外部力量的支持。企业在这类问题中的社会责任投入可以直接拉近与政府之间的距离，这种支出不仅可以获得政府的青睐，还可以得到民众的认可，从而提升企业的品牌价值（Shaffer，1995）。

Gallego-Alvarez 等（2011）认为企业热衷于社会责任投入出于两类动因。第一类为合法型动因，即企业为了满足社会和利益相关者的需求或期望，主动参与一些社会责任相关的活动。这一类动因认为企业社会责任活动的参与可以提升企业的合法性，并增加企业的品牌价值。第二类称为资源型动机，即企业主动参与社会责任相关活动的目的是和相关外部利益相关者建立更好的关系，获取社会的认可和信任，为企业争取更多的资源。

企业的终极目的是实现利润最大化。然而与企业利益相关的群体包括企业雇员、社会大众、供应商等。在追求利益的同时，其他利益相关者的利益必须被企业考虑在内。但由于各利益相关者对企业状况知之甚少，且对企业运营的参与程度有限，因此企业对外部利益相关者的关系维系得不到更好的解决。而企业与政府之间的资源互换成为一种维系关系的有效方式，可以为企业的运营争取更多的利益。

此外，由于社会资本一般依托于企业内个人，因此社会资本的构建往往与个人的发展相关。个人的政治前途、经济利益等直接促进了企业高管对社会资本的构建。社会资本可以使企业个人直接参与政策的制定，制定有利于企业自身的政策可以提高个人在企业内部的地位。同时，社会资本也可以为企业个人争取政治利益、获取政治资源以及提升个人的社会经济地位。

2.3.4　企业社会资本与企业社会责任投资行为

企业社会责任的履行可以为企业树立良好的社会形象，从而提升企业价值，有利于企业外部资源的获取。企业作为推动经济发展的一类重要社会组织，其发展离不开社会中的诸多利益相关者，因此企业对雇员、社会公众、环境和政府都需承担一定的责任。

在转型经济体制下，由于市场机制的不完善，关系就成了组织间契约关系形成的基础（Okhmatovskiy，2010）。而外部政治环境决定了社会资源的配置方式，中国当下不成熟的市场机制决定了政府掌控着绝大部分的关键资源（邓新明等，2019；Detomasi，2008）。企业需要采取一定的手段从政府获取相关资源。政府资源的获取方式可以通过两种方式来获取。一是通过私下贿赂而构建的关系，但由于贿赂行为不仅需要付出较高的资金成本，同时还需承担的法律责任。二是积极参与社会责任行为，虽然这类行为也需要一定的成本，但是相对于第一种而言，社会责任的履行不具有法律风险，从长期来看，可以为企业的品牌价值提升创造条件。通过社会责任活动的参与可以得到更多外部利益相关者的认可，对于企业长期的发展非常有利。

政府对资源的掌控以及企业对资源的需求使得社会责任的履行成为维系社会资本的一种方式。但是社会资本到底多大程度上会影响企业社会责任的投入这一问题并未得到解释。

在已有的成果中，诸多学者对社会资本进行了仔细的剖析，对社会责任的研究也不少，但对社会资本与企业社会责任关系的研究却不多见。具有社会资本的企业通过社会责任的履行可以进一步巩固与政府之间的关系，从而为企业获取更多的资源。

关于社会资本与企业社会责任之间的关系，国外学者做出了一些研究。如马等（2006）认为，企业内构建了社会资本的高管往往对自身和企业本身有更高的道德要求。同时，为了自身的政治利益、获取外部相关者的认可，社会资本就会促使企业高管加大社会责任投资。也有研究认为，相关外部利益相关者对具有社会资本的企业往往具有更高的道德要求，他们认为这样的企业在社会问题出现时应该更积极地帮助政府解决问题。因此，为了获取外部利益相关者的认可，构建了社会资本的企业会更主动地参与社会责任相关活动（Hoogh et al.，2008）。内黑塞尔（1994）也认为，企业参与社会公益活动可以满足政府的需求，获得政府的认可和信任，从而有利于企业资源的获取和企业的持续运营。此外，张建君等（2005）提出企业可以利用慈善捐赠来构建社会资本。

对于企业社会责任与社会资本之间的关系，国内的诸多研究虽提及了相关内容，但相关的实证研究却较为匮乏。彭中文等（2014）以高科技上市公司为研究样本，对其社会资本与社会责任之间的关系进行了研究。分析结果显示，社会资本对企业的社会责任活动参与及投入的影响并不显著。但社会资本可以正向调节企业独立董事与社会责任之间的关系。张萍等（2012）也对政企关系与社会责任进行了分析。他们认为企业家的政治身份可以促进企业社会责任的参与，即社会资本对企业社会责任履行具有积极效应。企业与政府之间的关系越紧密，则履行社会责任的可能性越大。此外，他们还对市场化程度在这一影响机制中的作用进行了分析，认为制度环境越差，社会资本不会对社会责任的履行造成影响。制度环境越好，则社会资本越能促进企业社会责任的履行。张川等（2014）也认为，企业与政府的关系对社会责任相关活动的参与具有促进作用。罗党论和黄宇琼（2008）也认为，私营企业的政治战略可以帮助其更好地维系政企关系，而政企关系有助于企业获取需要的资源，降低企业风险，从而增强企业竞争力。王成方等（2013）区分了企业的性质，他们把企业分为国有企业和私营企业，然后研究了社会资本和社会责任信息披露之间的关系。研究结果表明没有社会资本的国有企业，社会责任信息披露要显著高于构建了社会资本的企业。私营企业的社会资本对社会责任披露具有促进作用。该研究从企业性质的角度进一步剖析了社会资本在企业社会责任中的作用。

此外，以往也有一些研究从雇员薪资水平的角度研究了社会资本对企业社会责任的影响机制。如山立威等（2008）研究发现政府控制的上市企业的捐款积极性没有私营上市企业高，捐赠水平也较低。杜兴强等（2010）的研究也表明，进行公益性捐赠的私营企业大多具有一种或多种社会资本。梁莱歆等（2010）的研究认为社会资本对企业员工规模和工资成本具有促进作用，即社会资本程度与雇员规模及薪资水平成正相关关系。

由于慈善捐赠是企业社会责任的一种，以往也有一些研究专门关注了社会资本与企业慈善捐赠之间的关系。杜兴强等（2010）认为，企业的社会资本可以按照高管所具有的社会资本的性质分为与官员身份的关联和政治身份的关联。他们的研究结果显示，官员身份的关联与企业慈善捐赠的投入不存在显著关系，而政治身份的关联对企业慈善捐赠具有促进作用。贾明等（2010）通过对企业慈善捐赠和社会资本之间关系的分析发现，社会资本对企业的慈善水平具有促进作用。具有社会资本的企业在慈善活动中更为积极，慈善投入更高。李四海（2010）也认为，企业的社会资本对其慈善捐赠水平具有促进作用。与没有社会资本的企业相比较，具有社会资本的企业更有可能捐赠，且捐赠水平更高。这一研究还考虑了外部制度的影响，研究发现政府干预更多的区域，即法律和市场机制不完善的地方，社会资本更能促进企业的慈善捐赠。

高勇强等（2011）将企业家的政治身份进行了更为细致的分类，他们将企业家的社会资本具体细分为四类，分别为企业家是否为国家或省市的工商联成员、行业协会人员、政协委员和人大代表。然后研究了这些政治身份与企业社会责任投资的关系。研究结果表明除了企业家的政党身份，其余的三种政治身份均对企业社会责任投资水平具有促进作用。梁建等（2010）以中国私营企业为样本，研究证明企业政治活动的参与对企业社会责任行为有促进作用。张传良（2005）的研究表明企业社会责任投资的动因很多来源于政府的引导，研究结果认为政府的干预在企业的慈善捐赠方面具有明显的促进作用。杜兴强等（2010）也针对不同类型的社会资本与慈善捐赠之间的关系进行了研究，研究结果表明具有政协委员和人大代表这一类社会资本企业对社会责任投资具有明显的促进作用，而高管为政府工作人员的这一类社会资本的作用却不明显。

国外对于社会资本与企业社会责任行为的研究起步更早，如普费弗等（2003）认为，关系到企业持续发展的资源往往并不为企业所拥有，企业需要采取受到最小约束的措施来提高对外部关键资源的控制能力。由于政府能够为具有社会资本的企业提供如较低的税率和债务融资等好处（Faccio，2006；Fan et al.，2007），故而社会资本对于企业而言是关键资源而需要采取措施加以培养。为了提升政府对企业的信任、提高企业对关键资源的控制能力，在政府救灾遇到困难的时候，企业便会为政府提供帮助和支持。黑根等（2000）认为，企业的社会责任履行是为了更好地在政府那里寻求资源，其终极目的是最大程度获取利润的同时提升企业的品牌价值。内黑塞尔（1994）也认为企业的社会责任行为是结合企业利润和伦理道德综合考量的，但企业更多地关注政府，他认为企业的社会责任履行更偏向于政治动机。

已有的研究大多是直接研究社会资本与企业社会责任之间的关系，均考虑企业已经拥有社会资本后对企业捐赠等的影响。且已有研究更多的是从企业资源获取的经济利益角度来考虑问题，极少有学者对这一关系中企业的政治利益进行研究。孙等（2010）以中国私营企业为样本研究了企业社会责任履行中的政治影响。他们的研究结果认为，企业的社会责任履行很大一部分来自政府的压力，但企业利用社会责任的履行来维系与政府之间的关系，所得到的资源有利于企业整体盈利水平的提升。施莱弗尔等（1994）也认为企业的慈善捐赠可以更好地维系其与政府之间的关系。他们认为企业可以利用政府资助项目获取更多的利益。

尽管目前这些研究均认为企业的社会资本可以促进企业的企业社会责任履行（如贾明等，2010），但对于社会资本到底多大程度上促进了企业社会责任的履行？这一促进到底是有利于企业发展还是不利于企业发展？企业要获得政府的信任与青睐，该不该在社会责任上过多投入这一类问题并没有得到很好的回答。

2.4　社会资本对雇员离职率的影响

随着中国改革开放的进一步深入，中国私营企业的迅猛发展，私营企业迎来良好的发展机遇的同时，也面临着强有力的市场挑战。在激烈的市场竞争中，企业之间的竞争尤其是对人才的争夺显得尤为重要。

企业拥有一批优秀的人才，往往意味着企业拥有更强的创新能力、更好的管理技能和更高的营利能力。企业需要采取怎样的手段和策略才能更好地吸引高端人才，并且使他们尽职尽责的长期为企业服务，这是当今诸多企业不得不考虑的问题，也是管理界普遍关注的课题。因此，对企业雇员离职率的把握，以及对雇员离职的前因进行研究对提高雇员满意度、留住企业雇员，从而保持企业雇员的稳定性具有特别重要的意义。对企业制定和施行人力资源政策，做好雇员的管理以及控制雇员的离职行为具有积极作用。

以往相关研究主要关注雇员离职或离职意向的影响因素及各因素之间的关系和交互作用的研究。本章将对雇员离职的相关问题进行文献综述。

2.4.1 雇员离职的定义及分类

以往学者就雇员离职给出了一些定义。如普赖斯（1977）提出雇员离职即"个体作为组织成员状态的改变"。但这一定义的范畴过于广泛，因为个体对组织下改变的范围包括人员引进、离职和升职等。莫布利（1982）则对雇员离职提出了一个更为精确的定义："一个从企业领取货币性报酬的人中断作为企业成员关系的过程。"相对于普赖斯（1977），这一定义的范围更小。他的雇员离职的概念主要强调雇员离开组织，从而更能准确地概括雇员离职这一行为。

尽管有些研究强调了企业雇员的更替可以保持企业的活力，使得企业的资源配置更合理。但不可忽视的是雇员的频繁离职会产生较高的企业成本，从而对企业的发展不利。在计划经济体制时代，国家可以安排个人工作，企业的人力资源也主要由政府来指挥调配。因此在当时的中国，企业尚没有人力资源管理这一说，这也导致中国对雇员离职这一课题的研究起步较晚。中国市场机制的改变促进了私营企业的蓬勃发展，经济的飞速增长和个人价值实现途径的多元化促使人们开始改变就业观和择业观。价值导向使得人们从最初的稳定观念开始向价值提升的角度转变。此外，随着市场制度的日益发展，中国也逐步建立了较为完善的雇佣体制和相关法律，人们的劳动价值得以提升，工作流动风险降低。这一改变固然可以使个人得到更好的发展，但同时也给企业的人力资源管理提出了更高的要求，他们不得不面临更大的挑战，即人力资源的竞争。根据某大型招聘网站出具的《2015 中国企业离职率调查报告》显示，中国的企业离职率达到了 17% 左右。较高的离职率使得企业需要将大量资源消耗在雇员的招聘、重新培训和忠诚度的重新建立之上，而这些将占据企业很大的一部分成本，从而不利于企业的发展。因此，如何有效降低企业雇员离职率，探讨在企业运行中，哪些因素会对企业雇员离职率产生影响成为亟待解决的问题。

现有的关于雇员离职的研究从不同的角度对离职行为进行了分类。

第一种将雇员离职分为功能性离职与功能失调性离职（Dalton et al.，1979）。这一分类主要基于雇员的绩效、企业是否愿意雇佣和员工的替代成本的高低。但 Campoin（1991）认为，由于雇员的绩效具有滞后效应，因此从离职具体时间节点来评估雇员绩效是不合理的。布德罗等（1985）认为雇员的离职造成了新员工的雇佣和培训成本、企业生产率的流失和替代成本的增加等。而考虑雇员的离职，这些都应该是予以解释的因素。也只有在企业对这些因素进行合理考虑和评估之后，才可以做出正确的判断。

第二种是按照雇员离职的意愿分为自然离职、主动离职和被动离职。自然离职主要指雇员的退休、死亡和伤残等情况，主动离职即辞职，是雇员主动提出的。被动离职指雇员被动地离开企业，如被企业裁员、解雇或开除等。以往研究主要关注主动和被动离职。但主动和被动离职这一分类方法却没有得到学者一致的认可。如马金斯基等（1979）的研究指出，主动离职和被动离职有可能被混淆。如在面对雇主的辞退意愿时，可能会先一步主动辞职，这一类行为就会导致不能准确区分主动离职和被动离职这两类行为。因此这类分类方法并不能很好地对这些难以区分的行为进行辨别。

第三种是按照离职行为是否实际发生而将离职行为分为隐性离职和显性离职。隐性离职指一些雇员仍然在岗并参与企业的日常经营和决策，但实际上已经持有离职的意愿（叶仁苏和王玉芹，2004）。显性离职即雇员正式提出辞职并离开企业。隐性离职这一现象并不少见，尤其在经济急速发展的中国，就职机会更多，人们也更注重自身的成长和价值体现。成长机会更多，企业需要找到与雇员之间的利益均衡点，而现有的管理机制的不健全使得此类现象成为雇员和企业的一种博弈。（叶仁荪等，2003）

2.4.2　影响雇员离职的因素

以往学者对导致雇员离职的一些因素进行了研究，具体而言分为以下几个方面：

（1）雇员的工作满意度

以往许多研究证明对工作的不满意是促使雇员离职的主要原因。如布郎等（1996）提出雇员的工作投入越多，则其离职的倾向越小。普赖斯（1977）和莫布利等（1978）认为雇员的工作满意度对其离职行为具有抑制作用。而雇员的工作满意度往往与企业领导行为、企业福利水平、企业外部环境以及企业前景相关。

（2）市场的劳动力供需

市场对劳动力的需求影响雇员对自身价值的判断，因此劳动力市场的竞争程度往往对雇员离职行为产生影响。普罗科特等（2003）认为劳动力市场供需更容易影响年轻管理人员的离职。因为当市场劳动力供过于求的时候，职位的紧缺导致雇员之间的竞争加剧，相应的岗位更难以获得。而市场对人才供不应求则意味着雇员寻找新工作较为容易，雇员可以有更多的就业机会。因此，市场劳动力的供不应求会提升雇员对自身的价值判断，促使其创造更高的价值，从而对雇员的离职产生积极作用。如巴拉特等（1999）发现劳动力市场的高失业率使得员工难以获得新的工作机会，因此失业率对企业雇员的离职率具有抑制作用。

（3）组织公平与组织承诺

已有部分研究强调了雇员的不公平感，他们认为雇员不公平感对组织承诺具有副作用，因此会导致雇员的离职行为。如夸尔斯（1994）发现工作满意度会影响雇员离职行为。也有研究认为价值获得与积极情绪能够对工作满意、对离职倾向的作用产生调节影响（Goorge et al.，1996）。亨德里克斯等（1998）对企业内部雇员间的分配公平与雇员离职行为进行了研究，研究结果显示，分配公平对雇员离职具有削弱作用，同时工作满意度与组织承诺具有中介作用。沃特鲁巴（1991）认为工作性质也会对雇员离职产生影响，如过大的工作压力或收入的不稳定性均对离职产生促进作用。而高新技术产业的激励性能提升工作满意度，从而降低离职。同时，琼斯等（1996）发现领导的行为也会对雇员离职产生影响。雇员对上级的满意度直接影响员工的工作态度，从而影响其离职倾向。伊哈里亚等（1992）认为工作满意度和组织承诺对员工离职倾向有决定作用，而其他因素对于雇员的离职影响则是通过工作满意度和组织承诺来间接产生的。

组织承诺分为职业定向承诺、团队定向承诺和组织定向承诺（崔勋，2003）。尽管组织承诺与雇员离职相关，但并非每一种组织承诺都可以导致雇员离职。崔勋（2003）强调特定的承诺类型和特定的工作行为有联系，而不是普遍的组织承诺都和包括离职在内的工作行为相关。凌文轮和张治灿（2000）通过对组织承诺进行研究，表明组织承诺中的部分类型会对雇员离职产生影响，如情感承诺和理想承诺等会激励雇员继续为企业服务。

（4）环境因素

环境因素也被认为是影响员工离职倾向的重要因素。莫布利（1978）认为如果可以找到其他的工作，则雇员的离职率会上升。普赖斯（1977）认为外在的工作机会对员工自愿性离职产生影响。布鲁德姆（1982）提出企业可以提供给雇员的机会对雇员的离职行为产生影响。

（5）雇员个人特征

在已有的关于雇员离职的研究中，也有许多学者将雇员的离职行为与雇员个人特征联系在一起。研究雇员个人层面的因素对雇员离职的影响，其中包括年龄、性别、婚姻状况等。林恩（2003）发现在组织中经验越丰富，资历越深的员工越倾向于留在组织中。波特等（1974）通过研究也发现年龄与离职倾向相关，即同一企业中年龄越大和任期越长的员工，其离职倾向越低。

此外，一些学者对雇员性别和离职行为之间的关系进行了研究。玛希等（1977）认为相对于男性雇员，女性雇员的离职行为更容易发生。配偶对对方工作的态度也会对雇员离职产生作用（Proctor et al.，2003）。

2.4.3　雇员离职给企业带来的影响

雇员离职往往会为企业带来一定的负面影响，如企业成本的增加、员工队伍的不稳定性、客户资源的流失，等等。根据以往研究，雇员的离职行为会给企业带来以下影响：

第一，技术是企业发展的动力。在高科技行业，核心技术人员离职会导致企业丢失对企业发展最重要的关键性资源，而一旦核心技术员工进入竞争对手的企业，则企业的生存和发展将受到极大的影响。已有研究认为，一旦发生技术型雇员离职的行为，企业的核心技术和商业秘密泄露的风险随之产生（雷宏振等，2010）。由于劳动市场中科技员工的匮乏，使得科技员工的择业范围更广，可以体现的价值更高。然而这也造成了关键技术人员以及核心技术的流失（李华军等，2009）。而我国现有的法律还不足以有效地限制科技机密泄露行为，许多商业机密的泄露都是由科技员工的离职造成的。

第二，雇员离职会造成人才流失，尤其是可以为企业带来收益的核心人才的流失。企业间的竞争，归根结底是人才的竞争。大量人才的离职会严重阻碍企业的发展，从而使企业的研发工作受挫，影响企业未来的创新绩效和收益（张本照等，2007）。

第三，雇员的离职使得企业必须将有限的资源投入到职员招聘和培训中，新老员工的更替使企业成本增加。尔茨（1985）提出了计算新老员工更替成本的模型，该模型包括初始成本和更替成本两部分。"初始成本"指招聘中涉及的一系列费用，如招聘场地费用和广告费用等，它是指获得和开发人力资源而产生的开支。"更替成本"则指新员工代替老员工所带来的成本损失，包括新员工入职前的专业培训费用，这里涉及新员工适应过程中需要消耗的物质费用，也包括培训新员工而使他人损失的时间成本。

第四，雇员离职对企业团队的合作产生影响。企业作为一个团队，往往需要雇员间的高度配合，而员工间的团队合作默契度需要大量时间和经验来实现。因此雇员的离职会促使企业团队成员间的合作方式发生改变，从而使企业运营受到影响。

第五，雇员离职对企业工作氛围的负面效应。因为雇员的离职会向在职员工传递一种积极的信息，即企业之外还存在另外的发展机遇。公司前员工离职后，一旦其事业有了更好的发展就会对在职员工产生刺激作用。攀比效应会促使在职员工对现有的企业产生不满足感，他们会渴求更好的发展机会，因此离职行为就会产生。即使最后因为机会成本等一些因素造成这些雇员并没有真正离职，但以前雇员给予的这种影响也会对现有雇员的企业忠诚度产生消极作用。过高的企业离职率会极大影响现有雇员的工作态度和工作效率。离职行为的发生会对在职人员形成心理负担，也会导致更多离职行为的发生，造成尚未离职员工的心理负担，对企业绩效产生负面影响。

在以往关于雇员离职对企业的影响研究中，也有部分研究指出雇员的离职对企业工作氛围具有积极影响。如卡杜（1997）认为人员流动能够带来新的思路与方法。麦克维等（1987）的研究认为绩效差的员工离职对组织是有利的。布鲁德姆（1982）认为将离职率控制在一定范畴内可以为组织带来正向效用。对于企业而言，雇员离职可以帮助企业淘汰绩效不佳的雇员，从而促进企业创新能力和整体绩效的提高。对于市场而言，雇员的离职可以促使部分企业意识到自身管理和经营的不足之处，一些企业因此而退出市场，从而可以进一步调整整个行业的格局。对于社会而言，雇员离职可以促使就业市场的多元化发展，可以促进整个社会的经济利益，对新时代人们对人才价值的认知具有促进作用。对于雇员而言，离职行为可以让其获得更多的发展机会，进一步实现自我价值，有利于雇员的个人职业发展。

2.4.4 雇员离职的相关模型

关于雇员离职问题，以往学者对雇员离职的过程进行了研究，并提出了一些模型。

马奇等在 1958 年提出了最早的离职模型。该模型将影响雇员离职的因素划分为两类，一类是雇员是否愿意离职，一类是雇员离职的难易程度。他们认为导致雇员离职的主要因素是雇员对工作本身满意与否。但工作满意度又受到员工工作角色的影响，最终会对雇员的离职选择产生影响。

波特等（1974）提出促使雇员离职的主要原因是雇员对企业的期望与现实间的差距，也就是说当雇员的期望不能得到满足时就会产生离职行为。该模型强调企业应该尽量了解并满足雇员的期望，以此来提升雇员对企业的忠诚度，抑制员工的离职行为。

莫布利（1977）提出的离职过程模型就对员工离职的思考过程进行了解释。在莫布利的模型中，工作不满意属于前因变量，他认为当感到工作不满意时，雇员就会产生离职念头，或采取其他方式，如旷工和早退等行为来缓释自己的不满情绪。雇员会开始留意就业市场，并试图寻找其他工作机会。在比对现有工作和其他工作机会之后，如果他们预测新的企业会给他们带来更好的发展前景和更高的薪资水平，他们就会离职。即如果其他企业能够给予更优惠待遇，雇员的离职可能性就越大。莫布利的离职模型注重雇员感受的主观性，他主张雇员离职与否取决于他们的主观感受。他还认为导致雇员离职的因素有很多，但雇员会对自己的这一决策进行仔细考虑和衡量。他还认为影响员工离职的因素是多方面的。莫布利的离职模型主要缺点在于难以区分离职的阶段，而且该模型仅考虑了工作满意度这一个影响因子，因此具有片面性。

莫布利等（1978）提出了另一个雇员离职模型。在这个模型中，他具体考虑了雇员的自身特征和企业薪资对离职的影响。该模型提到雇员的工资多少会影响其工作满意度，而雇员的年龄和经验则会影响他是否能被其他企业所接受，从而找到更好的工作，这些都会影响雇员的离职行为。该模型认为雇员的工作满意度会显著影响其重新寻找工作意向，从而决定他离职与否的决策。莫布利等人的离职模型认为现有的工作满意度低的时候，如果雇员可以得到其他更好的工作机会，雇员就更有可能发生离职行为。相反，如果由于自身一些原因，雇员认为很难找到更好的工作机会，他们就不偏向于离职。

普赖斯等（1981）构建了一个经典的离职模型，后来许多学者的相关研究都基于该模型的理论而展开，其也是被学术界广为使用的离职模型之一。普赖斯等认为获得另外工作的可能性会影响雇员的离职意向，而工作满意度和工作机会是雇员离职和其决定因素之间的中介变量。但工作满意度受许多决定性因素而影响，如现有工作的升职空间和分配是否公平。该模型认为离职倾向是雇员离职行为产生的前因变量，可获取的其他工作机会对雇员离职产生促进作用。分配公平可以提升雇员的工作满意度，而工作满意度越高，则雇员的离职行为越不容易发生。该模型综合了多方面的因素，对员工离职行为进行了组织层面和个人层面的全面分析，为后来的研究奠定了基础。

阿贝尔森（1986）认为雇员的离职行为并非是一个单方面的静态过程，而是一个动态过程。他认为企业和外部环境等因素均能影响雇员的离职行为。环境因素会影响雇员对外部潜在工作的判断和自身价值的评估，而企业因素会对雇员的离职行为产生影响。尽管影响雇员离职的因素有很多，但其中发挥作用的可能仅仅只是一个因素，但也可能是多个因素的综合作用。即降低雇员工作满意度也许是雇员个人原因，也可能是企业和外部环境的综合影响。当员工决定尝试寻找新的工作机会，则环境因素开始对雇员离职行为产生影响。最后，员工通过比较现在工作和未来工作的优劣，进而做出去留的决定。这一动态模型较好地为管理者了解雇员离职提供了理论依据，为企业控制员工的离职过程提供了理论支持。

赵西萍等（2003）从四个方面对雇员离职的前因变量进行了研究，他们分别对组织承诺、工作压力、财政奖励和工作满意度与雇员离职行为进行了研究。研究结果显示外资企业的雇员离职率最低，而国有企业的雇员离职率最高。

2.4.5　政治关系与雇员离职

企业的政治联结可以带来巨大收益，与政府之间的良好关系可以帮助企业获取稀有资源。但企业政治行为也具有一定成本，需要耗费一定的人力、物力、财力。以往对社会资本的相关研究均集中于社会资本对绩效和创新等因素之上，对于政治关系与雇员离职之间的研究较少。但已有研究已指出社会资本对企业运营的诸多因素产生影响，而这些因素又是导致雇员离职的前因变量。因此，本书将从政治关系对企业运营各方面的影响来综述社会资本对企业雇员离职的间接作用。

已有研究认为社会资本对企业绩效产生影响，而企业绩效又直接影响企业的资源分配和雇员福利，进而影响雇员的离职行为。以往学者在对社会资本与企业绩效进行充分研究后，归纳出三种不同的研究结果，即社会资本对企业绩效无明显影响；社会资本可以提升企业绩效，对其具有积极影响；社会资本不利于企业绩效的提升，影响企业的长期发展。

目前较多的研究结论都倾向于政治关系对企业绩效产生积极影响。如克莱森斯等（2008）以巴西的企业作为研究对象，其研究结果认为，企业的社会资本越强，其越容易获取超额收益。在关于政治关系对企业绩效产生消极作用的研究中，伯特兰等（2004）对法国企业的研究显示，社会资本对企业的绩效具有消极作用。伯特兰等（2008）通过比较不同国家的社会资本，分析了其对企业财务绩效的作用机制。研究结果表明有社会资本的企业业绩要低于无社会资本的企业。关于政治关系对企业绩效不产生影响的研究中，贺子龙（2009）以企业高管为研究对象，认为当高管具有社会资本的时候，其企业价值并没有得到显著的提升。范等（2007）的研究发现，社会资本可以使企业获得如融资便利等好处，但对企业财务绩效的作用并不明显。

已有研究认为创新程度高的企业，其雇员离职率更低（任红军等，2005）。而社会资本也会对企业创新产生影响，如陈爽英等（2012）的研究认为社会资本会阻碍企业的创新投入，从而不利于其创新活动的开展。吴（2011）认为企业的社会资本对其创新程度的影响呈倒"U"字形。丁贞（2010）以技术行业企业为研究样本，发现企业的社会资本可以促进企业的创新投入。

企业履行社会责任可以有助于获得政府的青睐，是企业构建良好政企关系的载体，也是企业政治联结成本的一个重要组成部分。目前已有研究指出企业的政治联结可以促进企业的社会责任履行（如贾明等，2010）。

而就社会资本对企业雇员离职率的影响而言，目前鲜有专门就这一问题进行深入探讨。中国就业市场的部分饱和及较高的失业率使得促进就业成为政府不得不面对的重要课题，而社会资本作为企业与政府间的纽带，其对企业的用人政策和用人规模也会产生影响（杨治等，2007）。我国私营企业的迅速崛起使得私营企业成为用工主力军。梁莱歆（2010）认为，一旦企业构建了社会资本，由于企业高管的人大代表或政协委员身份会受到较多的社会关注，因此其必须在员工雇佣规模和福利上面起到带头作用。而企业的政治联结越紧密，其被外界关注的可能性也更高，其在劳动力雇佣方面的投入就更多，因此这类企业也会承担更多的社会责任。为了缓解就业压力，除国有企业外，政府更倾向于要求政治联结的民营企业雇佣更多的员工。而已有研究表明，只要企业构建了社会资本，政府对资源的掌控会形成强劲的经济驱动力来促进企业努力维系与政府之间的关系（潘克勤，2009）。政府也会更多地干预具有社会资本的企业，一旦企业构建了社会资本，则需在员工雇佣上投入更多的成本（梁莱歆，2010）。

2.5 评　述

以上通过对相关文献的梳理，在社会资本、企业社会责任投资和雇员离职之间的关系研究中，关于社会资本研究已趋于成熟，其中分析社会资本对企业绩效、融资和创新等的研究占据多数。国内外学者对社会资本的研究范围尽管涵盖发达和发展中国家，但更多的学者倾向于研究发展中国家的社会资本行为。具体而言，主要可以概述为以下几个方面：

（1）对社会资本的相关研究缺乏动态性

尽管关于社会资本对企业各因素的影响非常多见，如社会资本对企业融资、创新、海外并购和投资治理等。这些也往往成为企业政治构建的动因。但目前大多数研究均站在一个静止的角度来观察社会资本的作用。对于一个企业而言，时间的流逝以及外部环境的迅速改变使得企业需要不停地更换策略来应对企业不同成长阶段的不同问题。而对于社会资本在企业成长的过程中对企业产生的动态影响并未被研究。

（2）关于企业家个人对社会资本构建的影响机制尚未建立

目前关于企业家构建社会资本的动因的研究大多从单一的角度出发，如制度环境、企业家的社会地位及伦理水平等。如已有的研究均认为，外部制度环境的不成熟、企业家更高的社会地位及更高的伦理水平，对企业与政府关系的构建具有促进作用。但尚没有研究从企业家个人利益和企业利益的整体角度来综合探讨为何企业家热衷于构建社会资本。

（3）社会资本与企业社会责任的研究尚不成熟

目前关于社会资本对企业社会责任的影响研究主要分为两类，一类是社会资本对企业社会责任或捐赠行为的影响研究，且已有研究结论大多认为社会资本对两者具有促进作用。另一类是社会资本对企业社会责任信息披露的影响。已有研究普遍认为社会资本对社会责任信息的披露及其披露的信息质量具有促进作用，但是现有研究大多仅论证了前后者之间的关系，即积极影响还是消极影响。对于社会资本对企业社会责任的行为产生的影响究竟有多大，以及这种关系受何种因素影响，目前没有学者对此做出解释。

（4）关于社会资本与企业绩效关系的研究居多

关于社会资本对企业的整体影响，现有研究提出了两种截然相反的观点。

不少研究者认为社会资本能够为企业带来资源的便利性，比如社会资本可以简化企业的土地审批手续、促进融资的便利、让企业获得税收优惠等。但社会资本为企业带来利益的同时，也同样会产生成本，由此对企业产生消极作用。其中企业绩效是社会资本研究的重点。但其研究结果却全然不同，其主要结论分为社会资本对企业绩效不产生影响、产生积极影响和消极影响三类。

（5）中国社会资本研究具有独特性

由于中国目前的市场机制和转型经济特征，中国的社会资本具有天然的属性。中国市场改革的还不够完善使得政企关系对中国企业具有深远影响。中国经济目前仍处于高速发展中，发展带来的诸多问题也日益凸显。不完善的市场机制和不断膨胀的市场需求、不健全的法律体系和不断涌现的法律空白等都是中国目前必须面临的问题。而社会资本在这一市场机制不完善的情况下，其对企业的影响和作用已经得到诸多见证。当下的企业制度在不断的构建和完善，在法律机制和市场机制赶上市场发展的脚步之前，企业与政府之间的关系会不断左右企业的生存和发展。与发达国家不同，高速发展进程中的中国，其经济和政治体制地不断完善造成了中国政企关系的独特性，其独特性主要涵盖社会资本对社会和市场的整体影响、社会资本涉及的群体等。

综上所述，诸多研究论证了社会资本对企业的影响，但对于社会资本构建的前因却很少探讨。因此本书将从企业家个人特征的视角来研究其对社会资本构建的影响，厘清社会资本构建中的个人影响机制，分析企业不同战略对企业家资源分配及利用的影响。在社会资本与企业的社会责任关系方面，一些学者论证了两者间的积极作用，但对于社会资本到底多大程度上促进企业的社会责任行为，以及这种促进的合理性没有进行研究。因此本书将社会资本与企业社会责任投资的合理性联系起来，分析企业社会责任过度投入中的影响因素，以及外部资源竞争环境在这一关系的中的作用。在社会资本的积极作用层面，以往学者对社会资本的研究多集于其对企业绩效、创新等的影响，而鲜有从企业人力资源的角度考虑社会资本的作用。本书将分析社会资本对企业雇员离职率的影响，同时考虑企业社会责任和雇员薪资水平在这一影响中的作用。

社会资本构建的动因：社会资本与企业成长 **3**

基于资源依赖理论，本章主要研究社会资本构建的动因，即社会资本在企业不同成长阶段的作用。本书根据以往研究对企业的成长划分了不同阶段，探讨了社会资本在每一阶段对企业的影响。

3.1　问题的提出

近年来，在中国及其他新兴经济体中，越来越多的企业开始利用其政治策略来创造企业优势（邓新明等，2019；卫武，2006；罗党论等，2009）。而对于私营企业来说，一些学者认为他们更应该主动地参与政企活动，利用与相关政府官员的关系来克服外部制度的不确定性。

多数企业在成立初期没有成熟的政治策略，但是他们的团队成员可能有过政府工作经历，团队成员与政府官员有正式的或非正式的、组织间或私人间的一些关系，这些关系就形成了社会资本（Okhmatovskiy，2010）。社会资本代表企业与政府之间的关系。如团队成员是否为人大代表、是否在政府任职、其社会关系网中是否存在政府官员等。企业的创建与成长过程中充满了不确定性。政企关系可以为企业带来机会或威胁，因此它是企业成长过程中不可忽视的外部环境之一。企业在成长发展的不同阶段将面临不同的问题（Terpstra et al.，1993），而且企业在生命周期的不同阶段为维系自己的生存与发展也会产生不同的需求

（Terpstra et al.，1993）。因此企业需要合理地运用自身的社会资本来更好地处理不同阶段的问题和履行不同阶段的使命。以前的相关研究大多关注于社会资本或政治策略与企业绩效之间的关系，而缺乏社会资本对企业影响的动态研究。因此从这个角度出发，能更好地理解企业在不同成长阶段的政治资源配置和利用问题。

本书基于资源依赖理论，旨在尝试挖掘和厘清社会资本在企业生命周期的不同阶段对企业发展所产生的不同影响。本书的理论和实践价值主要体现在以下两个方面：首先，以往研究对社会资本的作用没有关注企业发展的动态性。实际上一旦企业的社会资本形成，其在企业的不同成长阶段将会发挥不同的作用。本书解释了社会资本应如何与企业生命周期不同阶段的任务相匹配，从而为企业竞争策略的制定提供一个纵向和动态的指导；其次，以前的文献主要关注政治策略或社会资本对企业绩效的影响。而本书系统地解释了社会资本如何在企业竞争优势的开发以及市场危机的应对中发挥作用。

3.2　理论与假设

由于资源的有限性，私营企业的成长往往面临较多的风险和困难，例如资金的短缺、雇员的不稳定、不成熟的产品及营销渠道等，这些都使得企业需要更多的资源来支持他的生存与发展。而以往的研究显示企业的社会资本可以为企业带来一些特别的利益，比如企业可以通过其社会资本影响相关政策的制定，有助于企业获得由政府控制的稀缺资源等（Hillman et al.，2004；Xin et al.，1996）。因此政企关系是企业必须面对的重要的外部环境因素。

在企业成长的不同阶段，社会资本的作用应该在不断地发生改变。然而之前的研究忽略了企业成长过程中社会资本对企业影响的动态性。本书主要关注企业从创立到成长的过程中，社会资本如何帮助企业形成竞争优势及其对企业成长的动态影响。

以往很多关于企业生命周期的研究都强调了企业成长的不同阶段存在不同的问题（Terpstra et al.，1993），而在企业生命周期的每一阶段，所有企业家都面临某些普遍存在的问题。因此，企业的顺利成长需要企业家成功地去应对这些问题。

基于卡赞者（1990）对生命周期的研究，本书把企业的生命周期划分为三个具有显著特色的成长阶段：创立期、成长期和稳定期。创立期是企业的最初阶段，这一阶段的企业还没有开始营利（Gartner et al.，2003）。处于成长期的企业需要获取更多的资源，建立自己的管理团队和进行市场开拓（Delmar et al.，2004）。而成熟期企业的主要使命则在于保持销售增长和市场地位（Tushman，1982）。社会资本可以作为一种竞争优势来帮助企业解决生命周期各阶段的一些主要问题。

在企业生命周期的不同阶段存在许多亟待解决的问题。企业家在利用社会资本谋求企业利益的时候必须花费一定的成本，如维系社会资本所需的花费等，同时还意味着较高的机会成本。因此，资源的有限性决定了企业家应首先集中资源解决企业不同成长阶段中影响其生存和发展的首要问题。在企业的创立期，合法化是获得企业创建所需的各种关键性资源的前提条件，如资金、技术、客户认同及社会关系网络等（Aldrich et al.，1994）。因此合法化应当作为企业创立期的首要问题（Delmar et al.，2004）。在企业成长期，企业家需考虑的主要问题是如何更好地使用竞争战略以获取自身的竞争优势，其中包括市场战略与非市场战略。处于稳定期企业的主要问题是销售增长和市场地位的保持（Tushman，1982）。然而处于成熟阶段的企业仍需面对许多复杂和不确定的外部市场环境，如相关行业标准的改变、资金的短缺和新技术的应用等。即使企业在不断地成长，企业家也必须重视对市场危机的应对。

基于以上讨论，本书将主要探讨在企业生命周期的不同阶段，社会资本将如何影响企业的成长。

3.2.1 社会资本与企业合法化

在企业的创立期，企业家应关注那些影响企业创建与成长的主要因素，如市场机会的识别与获得、企业的合法化等。合法化是关键资源（土地、雇员和资金等）及信息网络获得的前提条件（Glade et al.，1996）。

政府在市场机会识别和开发中扮演着非常重要的角色（Xia et al.，2020）。政策的制定者可以促进市场机会的识别，如为企业提供优惠税率、资金与土地资源的支持等。同时，政府也往往颁布一系列复杂而严格的资格认证来限制相关受惠者的数量和质量，例如申请者身份认证或担保、环评报告和财务报告等。具有社会资本的企业家比其他企业家更容易通过相关资格认证。此外，他们还可以从政府相关部门获取及时和准确的新行业政策与新技术标准等信息。因此社会资本有助于市场机会的识别与开发。

同时，在企业的创立期还存在许多障碍。企业的"新进入缺陷"导致其缺乏保证企业生存的关键性资源和核心能力（Baum et al.，1996），合法化是企业创建的第一步。

政府的政策法规是企业外部环境中的主导力量（Hillman et al.，2004；Okhmatovskiy，2010）。企业成员有政府任职经历或与政府官员有关系即形成企业的社会资本。通过与政府相关人员的交往，企业家可以参与相关政策的制定或通过影响政策制定者来间接参与政策的制定（Hillman et al.，2004）。企业创建伊始，社会资本可以帮助企业家获得一些相关部门的认证。在合法化基础上，企业家会更容易获取资源及外部认可。而企业家与政府之间的关系越密切，则越能增加合法化带来的优势。

　　同时，社会资本还能为企业带来其他利益。由社会资本促进的合法化不仅标志着企业获得了社会认可，同时也彰显了企业一定的社会地位与可信度。基于此，在交易过程中企业才能更容易被合作方所接受。另外，主流媒体对企业的积极报道往往还能增加企业的知名度和美誉度。整合这些资源可以为企业创造优势，令其获得标志性成长。如第一笔大单的获取、与重要客户合作等，这些都是企业合法化的标志。这些标志性成果还包括：（1）参与公共基础建设、政府采购或与国企合作等。这些意味着除了合法化，企业还受到政府的支持。例如疫情期间政府防疫物资的采购、政府公务用车采购等，企业可利用其社会资本参与到政府采购中，通过与政府间的合作可以提高企业的绩效与知名度。（2）获得政府掌控的关键资源（Chwee，2020；卫武，田志龙等，2004；卫武，2006），如商业用地、优惠贷款利率、特殊的资格认可或优先权。获得这些稀缺资源去保持企业的可持续增长是企业需要面对的重大挑战（Kebin et al.，2019；Chan et al.，2005）。由于这些关键性资源都直接由政府掌控，因此获得这些关键资源也是企业合法化的一种后续体现。

　　鉴于以上所讨论的社会资本对企业创立期的积极影响，本书做出如下假设：

　　H1：在企业的创立期，社会资本可以促进企业合法化的实现。

3.2.2　社会资本与企业市场战略的实现

　　当企业从创立期进入成长期，其持续成长需要更多的资源来支持。基于资源依赖理论，企业可通过对关键的、稀缺的、不可模仿的、不可替代的资源和能力的控制来实现可持续增长（Piyush et al.，2020；Conner，1991）。企业的市场掌控能力与社会资本有着积极的关系，社会资本可以帮助企业更好地应对市场竞争。

　　企业与政府之间的关系是影响其外部环境的一个重要因素。政府对相关政策的调控直接影响企业的外部环境。因此，企业必须利用社会资本巩固自身的行业地位，同时为自身市场战略的运行创造好的外部环境。政府的政策并非永恒不变，它的改变除了影响企业的外部环境，同时也左右了企业对相关资源的获取（Davila et al.，2010），从而对企业市场战略的执行产生一定的影响。

市场战略是企业在市场环境中为创造价值而制定的。市场战略经常被分为创新战略、国际化战略和多元化战略。利用社会资本，企业可以更有效地实施市场战略，令其在市场竞争中发挥更大的作用。首先，社会资本可以帮助企业创新战略的实施。一旦一种新产品或新技术面世，企业可以利用其社会资本去阻碍其他竞争者对该产品或技术的开发利用，而且社会资本还可以通过一定时间的价格保护保证企业的获益。其次，因为政府部门可以影响行业规模和成本结构（Mitnick，1993），因此社会资本还可以作为竞争性手段帮助企业应对国际竞争者。最后，社会资本有助于企业多元化战略的实施。企业多元化战略的开展往往面临政府对相关行业的管制。罗党论等（2009）指出，企业的政治参与有利于其进入政府管制型行业，从而获得高额利润。因此具有社会资本的企业更容易进入其他行业，社会资本对企业多元化战略的实施产生了积极作用（Chung，2004）。

因此，社会资本应该作为竞争战略的一部分去促进企业绩效的提升。对此本书做出第二个假设：

H2：在企业的成长期，社会资本可以促进其市场战略的实现。

3.2.3　社会资本与企业市场危机的应对

处于稳定期的企业，主要任务是保持销售的增长和现有的市场地位（Moore et al.，1982）。企业主要致力于销售增长和资源整合，试图以大规模来保证自身竞争优势。通过影响政府及相关政策制定者，社会资本为企业带来机遇的同时，也带来一定的局限性。

由于外部市场环境的复杂性与不确定性，现实中的企业往往面临由市场因素变化而引发的企业市场危机，如人力成本的上涨、产品标准的调整、新技术的出现、消费者消费习惯的改变、能源和原材料紧缺或价格上涨、替代品的出现导致的竞争加剧等。由于危机事件往往具有突发性、不可预料性，且直接威胁企业以后的生存和发展（Barnett et al.，2000）。因此，面对多变的市场环境，企业往往需要及时、灵活地应对市场危机，以保证自身的长足发展。

社会资本可以对企业市场危机的应对产生积极影响（Miller，1992）。如企业可以通过社会资本带来的社会地位及美誉度获取利益相关者的信任，从而影响利益相关者的行为、态度与决定，从银行、雇员、投资者和供应商等利益相关者中寻求资源来避免风险和消除竞争中可避免的障碍。此外，社会资本可以帮助企业家获得政府资金支持、特别许可和土地优惠政策，以及更及时准确的政策消息等，这些都能为企业创造更多的市场机遇和利益，极大程度上促进企业的规模扩张。

处于稳定阶段的企业往往具有一定的规模，其往往成为当地企业的标杆，进而成为政府表现政绩的形象企业。在创业活动活跃度高涨而企业成活率极低的大环境下，成功经历创立期和成长期的企业更容易被政府青睐，这意味着稳定阶段的企业与政府的交往更密切。因此社会资本会促使政府对企业的扶持力度更大（Shleifer et al.，1994）。当市场突现强有力的竞争对手或原材料涨价等市场危机时，社会资本往往可以为企业带来更多应对市场危机的资源，比如及时的信息传递、政策和资金支持，从而更有利于企业市场危机的应对。

综上，当企业发展到稳定阶段，社会资本对企业市场危机的应对具有一定的积极影响。对此本书做出第三个假设：

H3：在企业成长进入稳定期，社会资本有利于其对市场危机的应对。

3.3 数据、变量测量与研究方法

3.3.1 数据

本书数据来自 2016 年中共中央统战部、中华全国工商联合会、国家工商总局及中国社会科学院中国民营经济研究会私营企业研究课题组对中国私营企业进行的问卷调查。中国私营企业调查每两年进行一次，本研究使用第 12 次调查数据（2016）进行分析。

此次调查的原始抽样框包含所有在中国工商局注册登记的私营企业，此次问卷调查的对象为私营企业的创始人。该调查在实际执行层面依托各省（区、市）工商联和工商局力量，在全国范围内开展。经过数据清理，我们剔除了部分缺失样本，最终样本数为 2949 家私营企业。

3.3.2 变量测量

（1）因变量

合法化意味着企业被政府和其他社会部门授予了一种社会地位（Pfeffer et al.，2003）。本书从三个方面来测量企业的合法化。第一，捐赠数量可以表明企业的社会地位及合法性，同时表明他们履行社会责任的能力。第二，企业产品是否具有由政府颁发的"驰名商标"。这些头衔都能证实政府对企业合法化、产品及社会地位的认可，同时还能证明其已被市场接受。第三，董事会成立是企业合法化的一种表现。尤其是当企业的董事会成员拥有良好的社会身份或社会背景时，如来自政府、国企等。

市场战略通常被企业用来进行市场规模或产品线的扩张、合并或收购其他企业。本书用三个指标来测量企业的市场战略。首先，企业拥有自主知识产权的数量。自主知识产权代表企业自身的创新能力，尤其是面临激烈产品竞争的高科技企业而言。其次，多元化作为一个常见的市场战略，其产品线的扩张、企业的并购均需要从外部获取更多的资金。本书主要考虑以下三种情况：企业是否计划出售自己的股票；企业在最近三年是否购买了其他企业的股票；企业是否在最近三年开设了新公司。最后，企业是否开展国际商务或进驻国际市场。

市场危机指企业需面临的一系列市场突发事件（Miller，1992）。应对市场危机事件的这一因变量主要测量当外部市场环境发生改变时，具有社会资本的中国企业如何面临外部环境改变带来困难与挑战。这些对处于高速发展但仍需面对许多外部环境不确定性的企业来讲尤为重要。本书主要分析 3 种市场情况的改变对企业产生的影响：（1）能源资源价格的上涨；（2）原材料价格上涨；（3）人力成本的上涨。当这些市场情况发生变化时，企业家们被询问这些改变是否会给企业带来较大的影响和困难（编码为 3）、一般影响和困难（编码为 2）、较少影响和困难（编码为 1）。然后本书概括出企业家们对这 3 个方面问题的回答，从而得出一个当企业面对更艰难的外部环境时困难企业的总体指数。指数越大，企业面临的困难越大。

（2）自变量

本书采用马奎斯等（2013）的研究中对社会资本的测量方法，企业家中人大代表和政协委员身份可以使他们为自身及企业利益而接触到更多的政府官员，从而获得更多的政府优惠待遇，或直接参与政治决策过程。对于中国企业来讲，很多市场机会来源于政府政策的改变。企业团队中存在政府官员不仅方便企业对各种资源的获取，同时方便企业采取预防性措施去应对各种市场危机。本书在此使用两个虚拟变量（中国人民政治协商会议委员和人民代表大会代表）来测量企业与政府关系的密切程度。指数越大，企业与政府间的关系越密切。

企业在生命周期各阶段应集中有限的资源解决最主要的问题。本书对所有企业生命周期三个阶段的划分借鉴了卡赞晋等（1990）的做法。因为处于不同行业的企业生命周期存在差异，对企业成长阶段进行划分的时候，使用企业所面临的主要问题（困难）进行划分比直接根据年纪划分更适合。

本书将所有企业的成长划分为以下三个阶段：

创立期：企业进入一个现存的或新的市场，但还没有获得消费者认同。他们没有明确的市场目标，产品仍在开发中，商业化是这一时期的主要任务。在2949家公司中，590（20%）家企业处于这一阶段。

成长期：这一阶段企业的产品已获得一定的市场份额，他们开始扩张产品线并雇佣更多的雇员。但是产品的边际效益越来越小，他们没有达到可持续增长或者需要应对强势的市场新进入者。有1917（65%）家企业正处于这一发展阶段。

稳定期：处于这一阶段的企业具有成熟的产品线和良好的市场前景，可以很好地迎合市场需求，他们最大的挑战来自创新激励和保持。随着企业规模的日益庞大，处于这一时期的企业需要不断开发新产品，以迎合技术的更新及消费者需求的改变。仅442（15%）家企业处于这一阶段。

（3）控制变量

本书选取了一些影响社会资本与三个主要问题（合法化、市场战略执行和危机应对）之间关系的变量作为控制变量：企业家的性别、年龄、教育程度、公司所处行业和公司规模等。本书使用最普遍的三个产业分类：第一产业包括农业、林业、畜牧业；第二产业包括制造业、建筑业和运输业等；第三产业包括批发零售、金融、房地产和服务业等。公司规模的测量数据来源于各企业2015年的销售数据。本书使用销售额的对数来减少对系数估计的偏差。本书在最终模型中报告了这些变量产生的不同影响。

3.3.3 研究方法

本书使用OLS回归来估计自变量对企业捐赠数额和自主知识产权数量的影响。为减少分布偏差对系数估计的影响，在此对捐赠数额使用了对数。因为其他因变量都是二元变量，本书使用二元逻辑（Logistic）回归模型来估计自变量对这些因变量的影响。由于本书关注企业在不同成长阶段所面临的主要问题：合法化、市场战略的实现以及市场危机的应对。本书分别使用处于三个不同成长阶段的独立样本企业来分析社会资本与以上三个问题之间的关系。

3.4   研究结果

表 3-1 中显示了所有变量的均值、标准差和相关系数。这些描述性分析结果与样本企业成长阶段的分布吻合，即大多数样本企业处于创立期和成长期，只有少部分企业进入了稳定期。所有样本企业的捐赠均值为 85600 元，仅 11% 的企业产品被认定为"驰名商标"，自主知识产权数量均值为 1 至 2 之间，只有很少一部分企业进行了并购或开展了国际业务。

表 3-2 显示了处于创立期的企业捐赠数额对数的 OLS 回归系数估值，以及对是否具有"驰名商标"和是否设有董事会的二元逻辑回归估计值。对三个因变量，本书首先分析控制变量对每个因变量的影响，然后将社会资本加入模型，用来测量社会资本在企业创立期对其合法化的影响。

表3-1 变量的描述性统计分析与相关系数

	变量	均值	标准差	1	2	3	4	5	6	7	8	9	10	11	12	13
1	捐赠（¥10000）	8.56	5.37													
2	驰名商标	0.13	0.34	0.23*												
3	董事会	0.51	0.50	0.13*	0.13*											
4	产品创新	1.77	12.72	0.08*	0.14*	0.07*										
5	并购	0.36	0.46	0.24*	0.14*	0.13*	0.08*									
6	国际化业务	0.28	0.45	0.19*	0.31*	0.13*	0.10*	0.18*								
7	危机	8.40	4.39	0.18*	0.42*	0.06*	0.06*	0.12*	0.25*							
8	性别	0.82	0.38	0.09*	0.02	0.04	0.04	0.06*	0.08*	0.06*						
9	年龄	42.28	8.31	0.13*	0.07*	0.03	0.03	-0.01	0.05*	0.01	0.09*					
10	教育程度	13.13	2.86	0.14	0.09*	0.15*	0.11*	0.16*	0.08*	0.04*	0.003	-0.16*				
11	行业	2.38	0.84	-0.16*	-0.17*	-0.07*	-0.05*	-0.11*	-0.15*	-0.19*	-0.10*	-0.06*	-0.01			
12	公司规模（对数）	7.11	2.44	0.45*	0.25*	0.20*	0.12*	0.26*	0.29*	0.22*	0.12*	0.11*	0.14*	-0.26*		
13	政府连接	0.45	0.53	0.41*	0.22*	0.15*	0.06*	0.19*	0.12*	0.12*	0.09*	0.11*	0.14*	-0.16*	043*	
14	企业成长阶段	1.93	0.45	0.05*	0.03*	0.01	0.03	0.05*	0.07*	0.01	0.02	0.03	0.03	-0.11*	0.12*	0.05*

数据来源：中国私营企业调查（2016）。$N=2949$，*$p<0.05$（双尾检验）

表 3-2 社会资本对合法化的影响

变量	捐赠		驰名商标		董事会	
	模型 1	模型 2	模型 3	模型 4	模型 5	模型 6
企业家性别	-0.22	-0.48	0.16	0.06	0.07	0.01
	（0.63）	（0.57）	（0.53）	（0.52）	（0.25）	（0.24）
企业家年龄	0.10***	0.07**	0.01	-0.00	0.01	-0.00
	（0.04）	（0.03）	（0.03）	（0.02）	（0.02）	（0.01）
企业家教育程度	0.25***	0.06	-0.00	-0.04	0.12***	0.08***
	（0.07）	（0.08）	（0.06）	（0.05）	（0.03）	（0.04）
第二产业	-0.60	-0.36	-0.85	-0.63	-0.44	-0.51
	（1.20）	（1.23）	（0.57）	（0.60）	（0.38）	（0.49）
第三产业	-1.61	-0.86	-1.58***	-1.38**	-1.16**	-1.04**
	（1.19）	（1.12）	（0.60）	（0.62）	（0.45）	（0.49）
企业规模	0.78***	0.42***	0.40***	0.29***	0.15***	0.09**
	（0.07）	（0.13）	（0.08）	（0.06）	（0.04）	（0.04）
社会资本		0.89***		0.15		0.31***
		（0.26）		（0.16）		（0.11）
常数项	-2.61	0.36	-4.19***	-2.82*	-2.20**	-1.61*
	（2.20）	（2.20）	（1.56）	（1.63）	（0.92）	（0.95）
-2Log 似然值			229.9	-123.69	668.78	-312.10
修正 R^2/ 伪 R^2	0.30	0.30	0.15	0.23	0.05	0.10
样本量	590	590	590	590	590	590

数据来源：中国私营企业调查（2016），括号内代表标准误。

*$p<0.1$，** $p<0.05$，*** $p<0.01$（双尾检验）

表 3-3　社会资本对市场战略实施的影响

变量	自主知识产权数量		并购		国际业务	
	模型 1	模型 2	模型 1	模型 2	模型 1	模型 2
企业家性别	1.02	0.95	0.32**	0.24*	0.23*	0.16
	(0.78)	(0.80)	(0.14)	(0.13)	(0.14)	(0.13)
企业家年龄	0.03	0.03	-0.01	-0.01**	0.01	-0.01
	(0.04)	(0.04)	(0.01)	(0.01)	(0.01)	(0.01)
企业家的教育程度	0.50***	0.49***	0.11***	0.10***	0.04*	0.03
	(0.12)	(0.13)	(0.02)	(0.02)	(0.02)	(0.02)
第二产业	0.46	0.63	-0.73***	-0.61***	0.33	0.35*
	(1.27)	(1.38)	(0.19)	(0.19)	(0.19)	(0.19)
第三产业	-0.78	-0.56	-0.73***	-0.46**	-0.77***	-0.77***
	(1.51)	(1.53)	(0.21)	(0.21)	(0.22)	(0.33)
企业规模	0.43***	0.41**	0.21***	0.15***	0.23***	0.20***
	(0.15)	(0.13)	(0.02)	(0.03)	(0.03)	(0.03)
社会资本		0.22		0.23***		0.22***
		(0.38)		(0.05)		(0.06)
常数项	-10.29***	-10.23***	-2.44***	-2.28***	-3.13***	-2.70***
	(3.15)	(3.13)	(0.44)	(0.42)	(0.39)	(0.44)
-2Log 似然值			2450.62	-1233.24	2153.20	-1063.32
修正 R^2/ 伪 R^2	0.02	0.02	0.06	0.07	0.10	0.12
样本量	1917	1917	1917	1917	1917	1917

数据来源：中国私营企业调查（2016），括号内代表标准误。

*$p<0.1$，**$p<0.05$，***$p<0.01$（双尾检验）

统计结果显示，社会资本对企业的合法化具有明显的促进作用（β=0.089，$p < 0.01$，见表 3-2，模型 2）。在控制企业家个人特征、企业所在行业和企业规模的影响后，社会资本对企业"驰名商标"的获得影响不显著，但对其"董事会的成立"影响显著（$\beta = 0.31$，$p < 0.05$，见表 3-2，模型 6）。

这些结果显示社会资本对企业的合法化的不同方面具有不同的影响。总体来说，社会资本对创立期企业的合法化产生积极作用，第一个假设部分获得支持。

表 3-3 列出了处于成长期企业的三个因变量（企业拥有自主知识产权数量、企业是否采用了并购战略、企业是否开展了国际业务）的自变量系数估值。

分析结果显示，社会资本对企业并购战略和国际业务具有极大的推进作用。社会资本对企业自主知识产权的影响却不具有显著性。

结果显示社会资本对企业不同市场战略的实施产生不同的影响。这些结果部分证实了本书假设 2，在企业的成长期，社会资本有助于其市场战略的实施。

当企业面对不确定的外部市场环境，如市场中出现替代品、原材料价格上涨等，此时的企业需要积极应对企业市场危机。

表 3-4　社会资本对市场危机应对的影响

变量	市场危机	
	模型 1	模型 2
企业家性别	-0.45	-0.49
	(0.39)	(0.40)
企业家年龄	0.02	-0.00
	(0.01)	(0.02)
企业家的教育程度（年）	-0.07*	-0.16**
	(0.04)	(0.05)
第二产业	0.22	0.23
	(0.59)	(0.60)
第三产业	-0.51	-0.41
	(0.59)	(0.60)
企业规模	0.12**	0.05
	(0.06)	(0.07)
社会资本		-0.36**
		(0.13)
常量	5.56***	5.38***
	(1.21)	(1.33)
修正 R^2	0.04	0.05
样本量	442	442

数据来源：中国私营企业调查（2016），括号内代表标准误。

*$p<0.1$，**$p<0.05$，***$p<0.01$（双尾检验）

表 3-4 列出了企业在市场危机中面临的困难程度的因变量系数估值，显示了企业的社会资本对企业市场危机应对的影响。在这里，因变量值越大，所代表的困难越大。数据结果显示($\beta = -0.38, p < 0.05$，见表 3-4，模型 2)，在企业稳定期，社会资本在企业市场危机事件应对中产生显著的积极作用。即当企业处于稳定阶段，社会资本有利于其对市场危机事件的应对。假设 3 得到证实。

3.5　结　论

本书分析了社会资本在企业不同生命周期担任的不同角色。数据结果显示，社会资本在一定程度上能为企业构建和实现竞争优势。企业可以利用社会资本促使相关的政策制定更利于自身的生存、发展与成功。同时，社会资本还可以促进企业的合法化，促进企业市场战略的实施，并有助于企业对外部市场危机的应对。研究结论对企业合理利用社会资本具有促进作用，同时有助于企业较好地解决企业不同成长阶段的不同问题。

企业家的个人特征对社会资本构建的影响 4

以往关于社会资本的研究大多从企业与政府关系出发研究其对企业绩效、创新等的影响。基于资源依赖理论，本章以企业与政府关系的构建为核心，着重研究了企业家的社会经济地位、政治基因与企业家社会资本构建之间的关系。同时考虑了企业创新程度和国际化程度对这一关系的调节作用。本研究从企业家个人层面出发，首次厘清了企业家的个人特征对企业与政府关系构建的影响，丰富了企业与政府关系层面的研究，对企业与政府关系的构建具有指导意义。

4.1　问题的提出

社会资本一直以来都被认为是影响企业绩效和竞争优势的一个重要因素（卫武等，2009；Xin et al.，1996）。已有的关于社会资本的研究大多关注于成熟企业的社会资本类型及其对绩效的影响（Piyush et al.，2020；卫武等，2009；Xin et al.，1996；罗党论等，2009），而对于私营企业来说，有限的资源及经验的缺乏使其更容易遭受危机（Zhang et al.，2020；Zahra，2005），从而更需要参与政治活动、建立政企联结来克服外部制度及环境的不确定性。

当我们关注中国上市公司的背景资料可以发现，在众多的上市公司中，有的企业构建了社会资本，有的却没有；在拥有社会资本的企业中，有的业绩表现卓著，而有些却业绩平平。因此，哪些企业更倾向于构建社会资本？为什么有的企业利用社会资本可以获得更好的绩效，有的却不能？以往研究虽涉及了社会资本的构建，但只是站在外界因素的角度研究了其对企业与政府关系构建的影响。如陈（2020）、基奥等（2009）认为，制度环境是决定企业是否构建社会资本的一个先决条件；罗党论等（2008）指出，社会资本的构建与政府行为密切相关。目前尚没有关于企业与政府关系构建的具体研究，即哪些因素可以影响以及如何影响企业与政府关系的构建。

同时，彭等（2000）的研究表明，嵌入不同组织的高管人员的社会关系对企业绩效产生影响也不同。以往研究没有就社会资本所嵌入组织的不同对其进行区分。本书基于彭等（2000）的研究，根据嵌入组织的不同将企业与政府关系分为两类。一类为企业家与正式政府组织间的正式关系（如企业家出任人大代表、政协委员等），即正式的社会资本。另一类为企业家与政府官员的私人社会关系，即非正式的社会资本。相对于非正式社会资本而言，嵌入在正式政府组织的社会资本除了能为企业带来公信力之外，往往能给企业家提供一个更为广阔的交际平台。企业家可以依托社会资本获取更多的社会关系，构建更多的非正式社会资本，促进可获取资源的全面性和异质性，从而使得对社会资本的研究更具有意义。因此本书将企业正式社会资本的构建作为主要研究对象。企业家的个体特征在企业的发展中往往具有举足轻重的作用，其直接影响企业的战略决策及绩效（嵇尚洲等，2019；Peng et al.，2001）。因此，企业的社会资本构建与否与企业家决策密切相关。同时，企业决策又往往取决于其自身的经验及社会背景（嵇尚洲等，2019；Hambrick et al.，1984）。个人社会经济地位综合个人的教育程度、收入水平和职业地位，可以较好地反映个人的社会资源、社会背景及经验（Adler et al.，1994）。同时，转型经济下的政府往往掌控大部分资源，政权的相对集中使得政府必须更多地注重民主党派合作及少数民族的利益。因此民主党派、无党派人士及少数民族同胞等在社会资本的构建中往往具有更多的优势。本书采用"政治基因"来反映企业家所具有的为政府所青睐的一些特征及政治背景，在某种程度上反映了企业构建社会资本的一种"优先权"。因此，如果个人社会经济地位在某种程度上决定着企业家是否会主动构建社会资本，以及构建何种程度的联结，则政治基因就决定着个人在构建社会资本时所具有的独特地位及优势。基于此，本书拟从企业家个人社会经济地位及政治基因的角度研究其对企业与政府关系构建的影响。

然而，作为企业非市场战略的一种，以往研究更多关注于制度环境及企业内部环境对社会资本的作用（罗党论等，2009；Chio et al.，2009），而忽略了企业市场战略对它的影响。基于此，本书将企业经常采用的两种市场战略纳入研究范围，进一步研究企业的创新程度及国际化程度对社会资本构建的影响。图 4-1 为本章节研究的内容框架图。

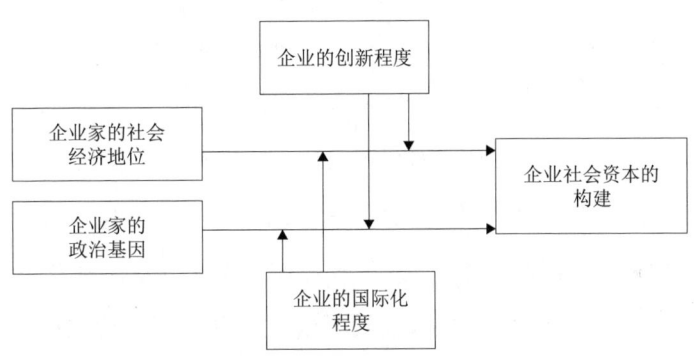

图 4-1　本章研究框架

本书基于资源依赖理论，主要从企业家社会经济地位和政治基因的角度研究其对企业与政府关系构建的影响，以及企业创新程度及国际化程度在社会资本构建中所产生的交互作用。从理论层面上来讲，本书首次从企业家的角度研究其对社会资本构建的影响，厘清了社会资本构建中的个人影响机制；分析了企业不同战略对企业家资源分配及利用的影响，丰富了资源依赖理论。从实践层面上来讲，本研究有利于企业家更理性的构建及利用社会资本，以及对企业资源进行更合理地支配。

4.2　理论与假设

4.2.1　企业家的社会经济地位、政治基因与社会资本的构建

由于经济转型中的政府往往拥有大量资源的所有权与分配权，很多企业都倾向于通过建立社会资本来获取利益，如土地、资金及税务减免等，或通过社会资本引导政府制定有利于企业自身的政策（卫武等，2009；Xin et al.，1996）。

社会资本作为企业家嵌入不同政府组织中的一种社会关系，其主要取决于企业家和政府双方的需求及意愿。而社会经济地位作为社会学领域广泛使用的一个指标，经常被用来预测个人行为（Shields et al.，1997）。它由个人教育程度、职业地位及收入水平组成，代表着个人所处的社会阶层及所拥有的资源（Adler et al.，1994），因此也决定着企业家在构建社会资本中所拥有的资源优势。同时，转型经济下的政府经常需要均衡各民族及各政党的利益，因此政府在进行企业扶持、优惠政策制定及选择参政议政人员时往往更青睐少数民族及民主党派等人士。因此，企业家的社会经济地位决定了企业的资源状况及构建社会资本的"主动权"，而企业家的政治地位则决定了其"优先权"。在许多的实证研究中，教育程度被认为是影响政治参与的一个重要因素（Shields et al.，1997）。较高的教育程度意味着企业家具有更好的公众形象，从而获得公众与政府的信任（Peng et al.，2001）。同时，教育可以增强个人的政治修养，提高政治认知与政治觉悟，降低政治参与学习成本（Shields et al.，1997），这种优势往往可以促使个人参与政府活动。因此，企业家的教育程度对企业与政府关系的构建具有促进作用。

此外，除了个人教育程度可以影响到个人的政治参与，个人职业地位也是值得考虑的因素之一（Kim et al.，2006）。企业家先前及现在的职业地位一定程度上直接决定着他的个人社会关系网络及社会认知。较高的职业地位往往意味着良好的社会形象和更多可利用的社会关系，从而可以借此获取更多的信息及资源

（Li et al.，2007）。因此，个人职业地位决定着企业家是否具有构建社会资本所需要的社会关系，在寻求社会资本时是否被政府官员接纳和信任，其对企业与政府关系的构建具有促进作用。

综合以上对企业家社会经济地位包含的三要素对企业与政府关系构建影响的陈述，本书做出以下假设：

假设 1a：企业家的社会经济地位对企业与政府关系的构建具有促进作用。

经济体制转型下的政府往往决定着国家的资源分配、利益流向以及参政议政人员的推选。而从全国人大代表和全国政协委员的选举原则来看，为使所选的代表与委员具有广泛的代表性，政府往往更注重人大代表或政协委员的各种比例的分布，其中包括政党结构、民族结构、知识结构、年龄及性别结构等。其中少数民族、民主党派成员等更为政府所青睐。因此个人的政治地位在某种程度上决定了个人参政议政的相对优势。在企业家主动构建社会资本时，政治地位有助于增加其竞争优势。

同时，为了通过群众代表或企业代表来推动政策执行或政策效果的宣传，政府部门往往主动寻找合适的企业或个人建立联系，从而主动促进企业与政府关系的构建。除了考虑企业的经营状况和社会贡献外，企业家的政治地位往往更能成为企业被选的优势。因此，无论企业家主动或被动地构建社会资本，其政治地位均有利于企业与政府关系的构建。基于此，本书做出以下假设：

假设 1b：企业家的政治地位对企业与政府关系的构建具有促进作用。

4.2.2 企业的创新程度与社会资本的构建

创新是一些企业为生存和发展而积极采取的一种市场竞争策略，和社会资本的构建与维系一样，创新也需要大量的时间、资金及其他资源的投入（曾萍等，2020；Laursen et al.，2005）。然而由于企业资源的有限性，使得他们只能关注影响企业自身发展的关键问题。而企业家的社会经济地位中所包含的教育程度、工作地位及收入水平所决定的个人资源直接影响企业创新的研发能力、知识及技能的学习和运用。因此，当企业具有较高的创新水平，企业家的资源往往更多地用于创新投入而不是社会资本的构建，从而使得企业家的社会经济地位对社会资本构建的促进作用越来越小。

此外，以往研究指出企业的社会资本有利于企业绩效的提升，大多数企业倾向于构建社会资本以获取竞争优势（Xia et al.，2019；Kebin et al.，2019；Hillman et al.，2004），对于缺乏先天优势的企业而言更是如此。政府参与企业管理及运作过程中往往掺杂个人利益倾向（郝疑等，2011）。企业管理者所构建的社会资本往往导致更多的政府干预，最终削弱企业的创新能力和风险抵抗能力（曾萍等，2020；Wu，2011）。同时，当企业利用社会资本，对政府的依赖最终会削弱企业家的创新意识和进取心，从而使得企业失去自身的独立生存能力和核心竞争力，不利于企业的长期发展（Chen et al.，2011）。同时，越多的政府依赖意味着越多的政府控制和企业越少的自主权。最终企业家不得不忍受政府的政治寻租以及政府官员对企业的干预，甚至放弃企业的自主决策权（Sheng et al.，2011）。而创新程度高的企业更多依赖于产品或技术的不断更新，从而使得创新在某种程度上削弱了企业家通过构建社会资本获取利益的意愿。如吴（2011）所提及的一样，企业的社会资本与企业创新绩效存在一个非对称的倒"U"型关系。在一定范围内，社会资本有利于企业的创新绩效，而当社会资本达到一定程度，则社会资本所带来的负面影响会干涉企业家对其资源的利用，不利于企业的创新。从而意味着在创新程度越高的企业中，企业家对社会资本的需求较小，企业家不倾向于将资源用于社会资本的构建。而社会资本对创新的阻碍作用又使得有较高创新水平的企业不宜构建社会资本。基于以上讨论，本书做出以下假设：

假设 2a：企业的创新程度越高，则企业家的社会经济地位对企业与政府关系构建的促进作用越小。

经济体制转型下的政府往往需要挑选一些杰出的企业家作为群众代表参政议政，从而增强政府的公信力。创新是政府大力提倡和鼓励的企业行为，因此企业的创新程度是政府在挑选杰出政治代表时的一个重要指标。同时，由于民族、宗教及政党的多元化，政府为平衡各民族、党派、地域之间的利益，得到各方的支持从而保证整体的安定与团结，少数民族及民主党派人士往往会受到政府更多的青睐。在寻找优秀企业或扶持对象的时候，企业家的政治地位往往成为政府关注的目标。即企业的创新程度越高，企业家的政治地位越容易被关注，企业越容易与政府建立社会资本。因此本书做出以下假设：

假设 2b：企业的创新程度越高，则企业家的政治地位对企业与政府关系构建的促进作用越强。

4.2.3　企业的国际化程度与社会资本的构建

经济体制转型下的政府往往鼓励中小型企业开展国际化，从而争取更大的市场份额和更开阔的市场空间（Xia et al.，2019；Luo et al.，2010）。罗等（2010）指出企业国际化与本土政府的政策密切相关。政府在推动中小企业国际化的同时往往还会制定相应的扶持政策以帮助企业开拓海外市场，如优惠贷款利率、关税减免、出口退税及特殊优待政策等（Luo et al.，2010）。同时在国际化进程中，企业与政府部门间的交涉必不可少。相对于国有企业，私营企业开展国际化业务往往缺乏经验与资源（Xia et al.，2019；Reuber et al.，1997），因此更需要借助外部力量来进驻国际市场。社会资本往往可以帮助企业家获取更多的信息及资源，从而克服国际化进程中的阻力，加快国际化进程（Shamsuddoha et al.，2009）。同时还有助于企业选择更合理的海外市场，使企业国际化战略得以顺利实施。（Cavusgil et al.，1994）因此相对于创新程度高的企业，拥有高国际化程度的企业更愿意主动与政府建立社会资本。

一般来讲，企业国际化有两种选择：外向国际化（如开展海外销售、与海外企业合作、海外投资等）、内向国际化（如引进国外先进管理经验、管理人才、新技术、海外投资等）（Welch et al.，1993）。当企业开展外向国际化，社会资本可以帮助其规避政府设置的贸易壁垒及烦琐的审批手续。当企业遭遇海外风险，社会资本能在一定程度上对其实施帮助，如资金支持以及与东道国交涉争取利益等。当企业实施内向国际化，社会资本则能帮助其获取特别优待，如针对外商引资、技术引进的优惠税率、资金及土地政策支持。同时由于其一直处在政府的管辖范围，因此社会资本对其更重要（Kebin et al.，2019）。

企业外向国际化的初期，其国际化程度一般较低，往往以小规模商品出口或依靠海外代理商来规避海外经营成本与风险，这意味着较低的市场参与及较低的风险和成本（Xia et al.，2019；O'Grady et al.，1996），而社会资本的构建又需要额外担负一定的成本，因此企业家不倾向于寻求更多的政府支持。当企业国际化程度进一步发展，往往开始进行大规模商品出口或在东道国建立自己的子公司（Johanson et al.，1987；O'Grady et al.，1996），此时便意味着企业自身较高的市场参与度及更多的风险。因此，企业需要与政府间建立社会资本来克服外部风险与获取资源（Kebin，2019）。企业进行低程度的内向国际化所需的政府扶持较少，如国外技术或人才的引进等。而当企业内向国际化程度较高时，如外资投建、项目合作等，复杂的审批手续、资金和政策的支持等需要获得当地政的支持。由于企业国际化进程中对政府部门的依赖及其对外部资源的需求，使得在国际化程度较高的企业中，企业家往往更倾向于将更多的资源用于构建社会资本。此时企业家个人的社会经济地位对社会资本构建的促进作用更加明显。基于此，本书做出如下假设：

假设3a：企业的国际化程度越高，企业家的社会经济地位对企业与政府关系构建的促进作用越强。

同高度创新的企业一样，当政府需要选定人选作为参政议政人员或选定企业作为特定扶持对象时，拥有高度国际化的企业也会受到政府部门的关注。因此企业家的政治地位依然成为社会资本构建的特殊优势。而国际化程度越高，企业家越主动构建社会资本，同时政府越关注企业。在双方共同意愿下，企业家的政治地位对社会资本构建所发挥的促进作用往往更明显。基于此，本书做出以下假设：

假设 3b：企业的国际化程度越高，企业家的政治地位对企业与政府关系构建的促进作用越强。

4.3 数据、变量测量与研究方法

4.3.1 数据

本章数据与上一章相同，在删除变量缺失的样本后，最终样本数为 2178 家私营企业。

4.3.2 变量测量

（1）因变量

社会资本。社会资本的测量与上章相同。使用企业家是否为不同层级的人民政治协商会议委员或人民代表大会代表去测量企业与政府关系的密切程度。企业家具有这两种身份之一，即赋值为 1，不具有则赋值为 0。指数越大，代表企业与政府间的关系则越密切。

（2）自变量

①企业家的社会经济地位。对企业家的社会经济地位的测量采用李春玲（2005）的方法，利用社会经济地位测量的公式计算出企业家社会经济地位高低指数。其中企业家的社会经济地位包括教育程度、收入状况和职业层次。教育的测量为企业家所取得的学位层次，收入的测量为个人年收入，职业的测量采用职业 7 类分层法（Kuriyan 等，2013）。

②企业家的政治地位。对企业家政治地位的测量，参照全国人大代表和全国政协委员的选举制度。在加强民族团结、坚持中国共产党领导的多党合作和政治协商制度下，少数民族、民主党派及无党派人士的权益一直在参政议政中得到充分体现。同时，妇女的权益也越来越受到重视。根据"人民网"公布的历届人大代表结构比例分布，少数民族、民主党派及无党派人士以及妇女代表一直占据着一定的比例，且比例稳中有升。

少数民族同胞、民主党派及无党派人士、妇女作为人大代表和政协委员构成的重要部分，这些个人政治地位往往是参选人大代表和政协委员的优势条件。同时，由于宗教在中国与所属民族有密切联系，因此本书采用所属党派、宗教和性别来综合测量个人的政治地位，对企业家的政治地位的测量采用 3 个虚拟变量：是否为少数民族、是否为民主党派或无党派人士、是否为女性。然后进行加总，指数越大，即政治地位越明显。

（3）调节变量

①企业的创新程度。对企业创新程度的测量，本书综合张等（2010）、米勒等（1982）的研究，采用企业新产品数量、研发人员占总人员比例以及研发投入占企业总投入的比例来测量。

②企业的国际化程度。对企业国际化程度的测量采用李等（2012）的方法，利用国际市场销售额占企业总销售额的比例来计算。指数越大，企业国际化程度越高。

（4）控制变量

鉴于企业家的一些其他个人特征与企业的组织特征可能对企业与政府关系构建产生的影响，因此本书在研究中控制了这两类变量。在企业家特征方面，借鉴梁建等（2010）的研究，本书控制了企业家的年龄。而在组织层面，借鉴亚当斯等（1998）的研究，本书控制了企业规模、企业所处行业。各控制变量的测量方法如下：

企业家年龄：以企业家到 2015 年底的实际年龄来衡量，然后按照中国年龄分层方法对企业家年龄进行分层。企业规模：以企业销售额和企业人员来衡量。行业性质：鉴于国家近年来对新兴产业的大力扶持，本书以是否属于新兴产业来分类。属于新兴产业的企业编码为 1，非新兴产业的企业编码为 0。

4.3.3　研究方法

由于本书模型中包含调节变量对因变量的交互影响，因此本书对假设采用多重线性回归来进行检测。为了消除潜在的多重共线性所带来的问题，同时更加明确交互的效果，本书对每一个标度求平均数来测量调节变量的交互作用（Aiken et al.，1991）。同时根据汉密尔顿（2003）的研究，逐步回归可以避免变量的内生性因素带来的影响。因此本书采取 3 层回归来对假设进行检验（Slotegraaf et al.，2003）。

4.4　研究结果

4.4.1　样本企业概况

样本企业的概况总结见表 4-1。

表 4-1　样本概况

企业概况				企业家概况			
特征		企业数	占总样本比例 %	特征		企业数	占总样本比例 %
社会资本	有	1198	55	政治地位	有	762	35.23
	无	980	45		无	1416	63.77

续表

企业概况				企业家概况			
特征		企业数	占总样本比例 %	特征		企业数	占总样本比例 %
企业国际化程度	高	327	15	性别	男	1807	83
	低	1851	85		女	371	17
企业创新程度	高	610	28.3	文化程度	高中及以下	828	38
	低	1568	71.7				
行业性质	新兴产业	632	29.3		大专	653	23
					大学	544	25
	非新兴产业	1546	70.7		研究生	303	14

特征	最大值	最小值	均值	特征	最大值	最小值	均值
企业人员数	8128	1	92	年龄	79	20	41.5
企业销售额	240000 万元	0	2302.5 万元	年收入	1032 万元	0	18 万元

注：样本数为 2178

从表中可以看出，在所有的 2178 家样本企业中，构建了社会资本的企业有 1198 家，约占样本的 55%。有 610 家企业创新程度较高，有 327 家企业的国际化程度较高。2178 家企业中，有 632 家属于新兴产业。从企业规模上来看，样本企业中员工数量最多的有 8128 人，最少的仅 1 人，而 2015 年的销售额也从 0 到 24 亿元不等。说明在这些企业中有刚起步的小企业，也包括一些经过快速发展已经具有一定规模的企业，充分反映了样本分布的广泛性和代表性。以上这些数值反映了我国企业在企业规模、企业战略及社会资本构建上的差异。

在这些样本企业的企业家中，有 1807 位为男性，占 83%。年龄最大的为 79 岁，最小的为 20 岁。文化程度主要集中在高中以上，高中及以下者有 828 人，占总人数的 38%。年收入从 1032 万元到 0 元不等。拥有政治地位的有 762 位，占 35.23%。这些数据充分反映了样本数据中企业家之间的差异。

4.4.2 描述性与相关性分析

变量的描述性与相关性分析结果如表 4-2 所示。

表 4-2 变量的描述统计及 Pearson 相关系数

	变量	均值	标准差	1	2	3	4	5	6	7
1	社会资本	1.15	1.14	1						
2	社会经济地位	3.13	1.07	0.07***	1					
3	政治地位	0.59	0.56	0.03**	-0.03**	1				
4	创新程度	0.23	0.18	0.04**	0.07***	0.02*	1			
5	国际化程度	0.26	0.88	-0.15***	0.01*	0.05*	-0.01	1		
6	行业	0.41	0.43	-0.01	0.13***	-0.05***	0.03**	0.06**	1	
7	规模	7.56	4.56	0.07***	0.16***	-0.02	0.13***	0.05*	0.05**	1
8	年龄	3.11	0.39	-0.08***	-0.02	-0.02	-0.02	0.04	0.03**	-0.13***

注：$N=2178$，*、**、*** 分别代表在 10%、5% 和 1% 水平

从表 4-2 中可以看出，企业家的社会经济地位、政治地位、企业的创新水平与国际化水平以及大多数的控制变量都与企业的社会资本显著相关。企业家的社会经济地位、政治地位与企业的社会资本之间显著相关。企业的创新程度与企业家的社会经济地位、政治地位显著相关（$p < 0.05$）。企业的国际化程度与企业家的社会经济地位显著相关（$p < 0.01$）。没有变量间的相关系数大于 0.4，因此在实证部分的线性回归中不存在多重线性的问题。

4.4.3 回归分析结果

在第一层回归中关注控制变量（行业、企业规模、企业家年龄和性别）与因变量（社会资本）之间的关系。在第二层回归中加入自变量（企业家的社会经

济地位和政治地位）与调节变量（企业的创新程度与国际化程度），观察其与因变量之间的关系。在第三层中加入调节的交互效应项。

表 4-3　线性回归分析结果

变量	社会资本		
	模型 1	模型 2	模型 3
控制变量			
行业	-0.013	-0.021	-0.014
	(-0.23)	(-0.43)	(-0.35)
规模	0.022***	0.016***	0.017***
	(3.46)	(2.67)	(2.88)
年龄	-0.143***	-0.136***	-0.134***
	(-2.77)	(-2.65)	(-2.77)
自变量			
社会经济地位		0.073***	0.065***
		(3.53)	(3.31)
政治地位		0.039*	0.068*
		(1.83)	(2.56)
调节变量			
创新程度		0.043*	0.23***
		(1.75)	(2.15)
国际化程度		-0.165***	-0.23***
		(-5.13)	(-3.14)
社会经济地位 × 创新程度			-0.038**
			(-1.88)
政治地位 × 创新程度			-0.043
			(-1.33)
社会经济地位 × 国际化程度			0.036
			(1.21)
政治地位 × 国际化程度			0.088**
			(2.51)

变量	社会资本		
	模型 1	模型 2	模型 3
R^2	0.012	0.029	0.043
调整后的 R^2	0.010	0.026	0.040
ΔR^2		0.015	0.014
F 值	5.56*	9.98***	8.22***
样本量	2178	2178	2178

注：*、**、*** 分别代表在 10%、5% 和 1% 水平；
括号中数据为标准误

如表 4-3 数据显示，企业家的社会经济地位与企业和政府关系的构建具有显著的正相关关系（模型 2，β=0.073，$P<0.01$），即企业家的社会经济地位对企业和政府关系的构建具有显著的促进作用，假设 1a 得到验证。同时企业家的政治地位对企业和政府关系的构建也呈现出明显的促进作用（模型 2，β=0.039，$P<0.1$），即企业家的政治地位对企业和政府关系的构建具有明显的促进作用，假设 1b 得到验证。与吴（2011）的部分研究结论一致，模型 2 中企业创新程度与政企关系的回归检验中，两者之间出现明显的正相关关系（模型 2，β=1，$P<0.1$），即企业可以借助社会资本来实现企业优势和促进创新绩效。在对国际化程度与社会资本构建的回归中，则显示出明显的负相关（模型 2，β=-0.158，$P<0.01$），这可能是数据中没有将国际化程度和国际化方式进行综合考虑。实际上直接海外投资、直接转移到海外发展的企业需要的社会资本更少。尽管表 4-3 的模型 1 显示控制变量（企业规模、所在行业及企业家年龄）对企业和政府之间的关系具有显著的影响，但其仅占方差的 1.1%。在模型 2 中加入自变量（企业家的社会经济地位及政治地位）之后，R^2 具有显著的增长。在随后的模型 3 和 4 中，加入调节变量（企业的创新程度、国际化程度）的交互项后，R^2 均有增长，其支持调节变量后续的调节作用。

在模型 3 中加入了调节变量创新程度与自变量社会经济地位、政治地位的交互项后，创新程度与社会经济地位的交互项和社会资本的构建呈现出显著的负相关关系（模型 3，$\beta=-0.41$，$P<0.05$），假设 2a 得到支持，即企业的创新程度越高，企业家的社会经济地位对社会资本的促进作用越小。但创新程度和政治地位的交互项与社会资本的构建没有呈现出显著的正相关关系，假设 2b 未得到支持。这可能是由于高度创新下的企业家对社会资本没有足够的重视，其政治地位的作用没有得显现，其在社会资本中的作用没有得到充分的发挥。

在加入了调节变量国际化程度与自变量社会经济地位、政治地位的交互项后，国际化程度与社会经济地位的交互项和社会资本的构建未呈现出明显的相关关系，假设 3a 未得到支持。这可能是由于企业国际化的形式多样，如内向国际化和外向国际化、商品出口和国外投资等，但本书没有对国际化种类分别进行程度区分，不同种类的国际化对社会资本的需求各异。高度国际化下的企业国际化程度和政治地位的交互项与社会资本的构建呈现出显著的正相关关系（模型 4，$\beta=0.094$，$P<0.05$），假设 3b 得到支持，即企业家的政治地位在企业创新程度较高的情况下可以促进其社会资本的构建。

在观察了企业家社会经济地位与政治地位对企业和政府关系的促进作用、企业创新程度与国际化程度对其促进作用的调节效用之后，本书对具有显著交互作用（社会经济地位 * 创新程度、政治地位 * 国际化程度）的变量做了进一步比对。取调节变量（创新程度、国际化程度）的平均值作为标准，平均值以上的归类为高程度，平均值以下的归类为低程度（Sheng et al.，2011），图 4-2、图 4-3、图 4-4、图 4-5 显示了各变量之间的关系。图 4-2 和 4-3 为自变量与因变量之间的主效应图。图 4-4 和 4-5 展示的则是在调节变量不同程度的调节效应下，自变量与应变量之间的关系。

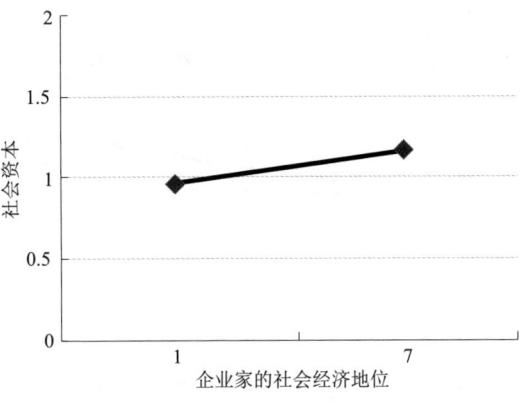

图 4-2　直接效应（H1a）

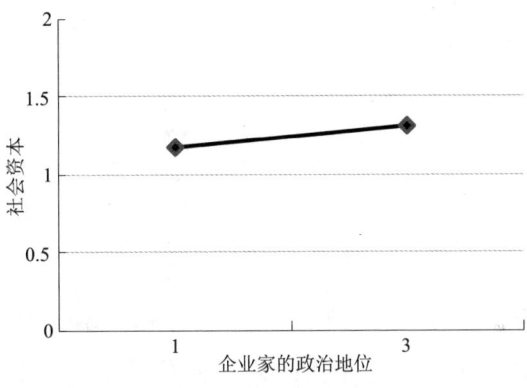

图 4-3　直接效应（H1b）

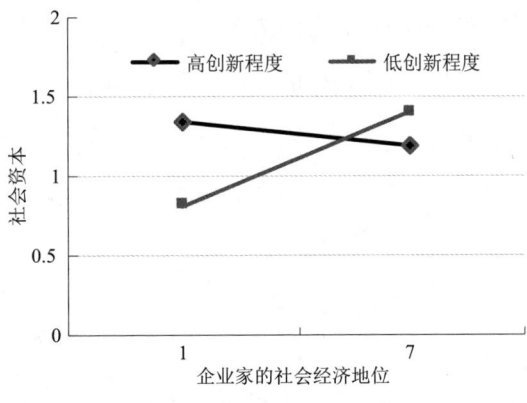

图 4-4　交互效应（H2a）

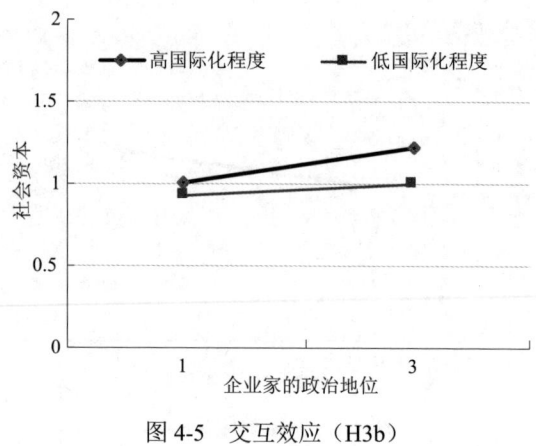

图 4-5　交互效应（H3b）

4.5　结　论

以往的研究揭示了社会资本对企业绩效的影响，但未对企业与政府关系构建的可行性及影响进行研究。本章通过对企业家的社会经济地位、政治地位和企业与政府关系构建的研究发现，越高的社会经济地位意味着企业家能够越好地利用社会资源和社会网络处理与政府之间的关系，其对企业与政府关系的构建具有促进作用。同时，具有显著政治地位的企业家更能被政府所关注，从而为社会资本创造条件。企业的创新程度越高，则企业家的社会经济地位对社会资本构建的作用越小。企业的国际化程度越高，则企业家的政治地位对社会资本构建的作用越大。

社会资本与企业社会责任投资 5

近年来，经济转型中企业对社会责任投入的增长成为一种趋势。企业社会责任投资有助于企业创造商业价值和发展企业战略资源，但许多企业忽视了社会责任投资的最优水平。对企业社会责任的过度热衷可能会导致企业社会责任的过度投资，从而导致企业成本增加，并对财务绩效产生负面影响。同时，由于政府控制着经济转型中的许多宝贵资源，它可以使企业获取政府资源和政治合法性，因此社会资本在企业的成长中起着至关重要的作用。由于企业社会责任投资可以很好地迎合政府的期望，为了更好地和政府进行互动交流，社会资本将激励企业对社会责任进行更多的投资，这可能使企业从政府那里获得更多的资源。因此，研究社会资本是否能够激励企业社会责任的过度投资是必要的。

基于资源依赖和社会交换理论，本章将验证社会资本与企业社会责任过度投资之间的关系，并探讨政府资源竞争程度对这种关系的调节作用。通过对中国2034家私营企业样本的分析，发现社会资本对企业社会责任的过度投资具有积极影响。研究结果还表明，政府资源竞争程度对社会资本与企业社会责任过度投资之间的关系有正向的调节作用。

首先，本章结合当今中国企业社会责任投资的普遍性这一现实背景，综合已有的相关研究，提出主要研究内容。然后结合理论分析，提出相关假设并进行数据检验。研究方法主要采用多重线性回归对企业社会责任投资的过度投资进行预测，然后采用混合模型对假设进行验证；最后采用 Probit 回归模型对假设检验结果进行了稳健性分析。

以往研究大多关注企业社会责任投资对绩效、消费者消费行为等方面，鲜有研究企业社会投资的合理性。本章从企业社会责任投资的合理性出发，分析了社会资本对企业社会责任过度投资的影响，丰富了企业投资战略方面的研究，对企业社会责任投资具有实际指导意义。

5.1　问题的提出

近年来，企业社会责任投资总额具有明显的增长，尤其是中国企业（Jamali et al.，2007；Barnea et al.，2010）。中国慈善信息中心和民政部公布的《中国慈善事业年度发展报告》显示，民政部、个人、企业、公共机构和其他社会组织在 2015 年和 2016 年的捐款分别为 1109 亿元人民币和 1393 亿人民币，而中国企业的捐赠份额就分别占据 2015 年年度和 2016 年年度捐款总额的 65.2% 和 70%。相比之下，2013 年美国和英国企业的捐款只占该国家年度捐款总额的 10% 左右。此外，一些中国企业在企业绩效不佳的情况下仍热衷于社会责任的投资。《中国上市企业年报》显示，2004 年至 2010 年，47.7% 的中国上市企业在绩效为负的前提下仍然进行了慈善捐赠，甚至外资企业也表现出这种趋势。例如，虽然面临业绩下降的问题，三星（中国）2014 年仍然在企业社会责任履行上投入了 940 万元人民币。究竟是什么激励着中国企业对社会责任投资的热情？。

关于这个问题的答案，一个潜在的原因就是企业的社会责任投资可能会对企业产生积极的回报（Hammann，2009；Hillman et al.，2001）。然而，早前研究显示企业社会责任投资并不一定会给企业带来积极的回报（Margolis et al.，2003）。有研究甚至认为企业社会责任投资可能会对企业绩效产生负面影响，或者没有影响（Margolils et al.，2003）。即使有研究表明企业社会责任投资和财务绩效之间有着积极地联系，这一关系中也存在着诸多的不确定因素（Piyush et al.，2020；Kebin et al.，2019；Orlitzky，2013）。对于这种不确定性，Orlitzky（2013）的研究结果表明，一些企业对社会责任进行了过度的投资。在这项研究中，对企业社会责任的过度投资意味着企业的社会责任投资过度意味着超过一个最优水平，这个最优水平能使这种投资在最大限度上促进企业绩效。换句话说，一旦企业社会责任的投资超过这个最优水平，企业绩效将不再提升，因为过度的企业社会责任投资将消耗不必要的成本并对企业绩效产生负面影响。那么企业为什么会对社会责任进行过度投资？弗里德曼（2007）认为，企业社会责任投资代表了成本的一种类型，因为管理者可以通过对企业社会责任的大量投资来追求其个人利益，虽然这样做并不能提高企业绩效。因此，管理者的个人利益也是企业社会责任过度投资的原因之一。在这项研究中，本书运用社会交换理论（Emerson，1976；Cropanzano et al.，2005），得出了对社会责任过度投资的另一种解释。

根据社会交换理论，社会成员之间交往的一个原则是互惠性（Cropanzano et al.，2005）。具体而言，这一原则认为社会成员对于积极的行为或奖励会产生积极回应（即积极互惠），对于消极行为或惩罚会产生消极回应（即消极互惠）（Mitchell et al.，2007）。这种观点认为企业对社会责任的过度投资是为了向政府表现其积极的态度。社会责任的投资可以使企业持续地获得政治合法性和政府资源的使用权，并且可以避免政府的消极回应行为。由于没有政治合法性的私营企业无法获得政府资源及优惠待遇，因此政治合法性对企业的生存和成长尤为重要（Zhang et al.，2020；Hillman et al.，2009），尤其对中国私营企业而言（王永贵等，2019；Xin et al.，1996）。在中国，政府在很大程度上控制着资源的分配，政府是市场、法律和其他社会机构的主要规则制定者。因此，如果私营企业没有获得政治合法性，其生存和发展就将受到威胁（Li et al.，2010）。与所有者是政府或企业董事和高管由政府指定的国有企业相比，私营企业不能通过国家所有权来获取政治合法性和政府资源使用权（Xin et al.，1996）。相反，私营企业必须更多地参与到非市场战略中，以获得政治合法性和政府资源的使用权（Xin et al.，1996）。私营企业普遍使用的一种非市场战略就是建立社会资本，这为其获得政治合法性和政府资源使用权提供了机会。例如，许多私营企业家踊跃参加中国人民政治协商会议或全国人民代表大会，因为成为"两会"代表可以使他们建立起与政府之间的政治联系。一旦建立了这种社会资本，企业家就可以接触政府官员，获得政府的优惠待遇，并直接参与到关系企业利益的政治决策过程中来。

然而，建立社会资本并不一定能保证私营企业可以获得政治合法性和政府资源的使用权。良好的社会资本为政府和私营企业之间的交流提供了一个渠道。具体来说，政府对私营企业给予政治合法性并提供政府资源，而私营企业必须做出积极的响应，采取一些行动来作为与政府间的利益交换（Xia et al.，2019；Shleifer et al.，1994）。相反，如果私营企业不做出积极响应，政府就将做出消极回应，并停止对私营企业提供一切资源，甚至对其进行惩罚。自 2006 以来，中国政府颁布了一系列用来鼓励企业参与社会责任行为的政策（See，2009）。在这种情况下，具有社会资本的私营企业会加大企业社会责任的投资，从而表现出他们对政府的支持，以此来维持与政府间良好的社会资本及互惠交换。例如，马等（2006）认为，中国的私营企业家对政府倡导的社会公益项目的慷慨投入，便是为了获得政治合法性及政府资源。基于这一观点，我们认为，有社会资本的私营企业更容易对企业社会责任进行过度投资。

私营企业在企业社会责任上的过度投资取决于其对政府资源的依赖程度。有的私营企业更依赖于政府的资源来生存和发展，而有些企业对政府资源的依赖性较小。如果私营企业可以通过其他渠道获取关键资源（例如，资源竞争水平较低的地区），或者它们已经积累了大量的资源（例如，规模较大的企业），他们对政府资源的依赖度就会下降。私营企业对政府资源依赖度的下降，使它们不需要过度依赖社会资本，以及通过社会资本与政府进行互惠行为，因此也就不太可能在企业社会责任上进行过多投入。因此，较低的政府资源依赖度会降低社会资本与企业社会责任的过度投资之间的积极关系。即市场化程度和企业规模可以适度地调节社会资本对企业社会责任的过度投资的影响。

本书度量了企业社会责任的过度投资。虽然以往大量研究探讨了企业社会责任和财务绩效之间的关系，但很少有研究关注企业社会责任投资与其最佳投资水平之间的关系。本书为这一领域的研究提供了一个新的方向。

本书把社会责任过度投资作为企业为取得政治合法性和获取政府资源而与政府进行的一种互惠利益交换，从社会交换理论的视角对企业社会责任过度投资提供了一种新的解释。部分解释了为何即使企业产生了负效益，许多私营企业仍然热衷于企业社会责任的投资（Renneboog et al.，2008）。从社会交换的视角来看，本书的研究表明为与政府之间保持良好的关系而进行互惠交换，具有社会资本的私营企业更容易产生社会责任的过度投资行为。本书为解释企业社会责任的过度投资提供了一个新的研究视角（即社会交换的视角），而以往的研究往往限于代理理论（Friedman，2007；McWilliams，2006）或制度理论（Matten et al.，2008）的视角。

5.2　理论与假设

5.2.1　社会交换理论

社会交换理论是在理解组织行为上最具有影响力的概念（Cropanzano et al.，2005；Blau，1964），它包括组织间一系列的相互依赖和相互作用（Blau，1964）。社会交换理论强调一方的行为会导致另一方的反应（Cropanzano et al.，2005）。在社会交往理论中，积极的互惠意味着对于一方的积极行动另一方会产生积极的回应（Uhl-Bien et al.，2003），而消极的互惠意味着对于一方的消极行动另一方会产生消极回应（Uhl-Bien et al.，2003）。因此，如果一方希望从另一方得到利益，就应该对另一方做出积极回应。

5.2.2 社会资本与企业社会责任的过度投资

关于社会资本与企业社会责任投资之间的关系，以往研究间接地支持了社会资本能够对企业社会责任投资产生积极影响这一观点（例如 Li et al.，2010；Scherer et al.，2011；Sun，2012），但忽略了在某种程度上社会资本对企业社会责任投资产生的消极影响。而在转型经济和其他经济中是否存在这种关系，过去并未有人进行研究。

转型经济体往往缺乏完善的制度环境和有效的法律制度，政府仍然控制着大量社会资源，影响着企业的战略实施（周霖等，2019；Hoskisson，Eden et al.，2000；Okhmatovskiy，2010）。在这种情况下，保持与政府的互惠关系对企业而言更加重要。

然而，维持与政府的社会资本并继续接受优惠待遇并非易事，从社会交换理论视角而言，企业也需做出互惠的交换。也就是说，企业需要做出一些有利于政府利益的事情，以期获得持续的优惠待遇（Shleifer et al.，1994）。互惠原则表明，如果企业对政府的互惠反应不积极，政府就将停止对其提供更多的优惠待遇。由于企业社会责任投资可以更好地迎合政府的需求，企业就会更多地参与到企业社会责任活动中来（Ma et al.，2006）。面对政府倡导下的公共活动（如救灾、教育、环保、就业促进等），社会资本都将促使企业进行更多的社会责任投资。在这种情况下，企业极易对社会责任进行过度投资（即高于最优水平的企业社会责任投资）来作为一种对政府的优惠待遇的互惠交换。

此外，从企业家利益的角度来看，通过企业社会责任投资，社会资本也可为其个人利益的实现提供机会。班士等（2010）指出，由于对企业社会责任的投资能够提高管理者的声誉和公众形象，管理者可能会对企业社会责任进行过度投资。而企业社会责任投资可以促进企业家和政府之间的积极关系（See，2009）。因此，社会资本对于企业在社会责任上的过度投资有激励作用，但同时也可能忽略其他利益相关者的利益。

最后，从政府利益的角度，施莱费尔等（1994）认为，政府会对企业的利益进行支配和占有。诸如改善本地就业率、环境保护、救灾等与政府绩效相关的系列公共活动，如果没有企业的支持就会很难执行。一旦需要企业的支持来开展这些活动，政府就有可能对企业施加压力（See，2009），最终导致企业社会责任的过度投资（Li et al.，2010），特别是对于需要维持社会资本的企业而言。

综上所述，本章第一个假设为：

H1：社会资本会提升私营企业社会责任过度投资的可能性。

5.2.3　政府资源竞争程度的调节作用

资源获取对于企业维持竞争优势而言至关重要（Barney，1991）。资源依赖理论认为，竞争促使企业寻求外部资源，而外部资源提供者可以影响和约束企业的内部战略决策（Pfeffer et al.，2003）。即如果企业从其合作者那里获取资源，那么企业战略的制定就会受合作者行为的影响（Wicks，1999）。如果企业需要政府资源，它们就必须考虑到政府相关政策和政府利益的影响（周霖和蔺楠，2019；Weigelt et al.，2015；Wang et al.，2011）。

改革开放后的几十年中，中国私营企业在数量上经历了一个快速扩张的阶段（Boisot et al.，1996）。国有企业私有化和非国有企业的发展导致了大量的私营企业的出现，从而极大加剧了市场竞争（Boisot et al.，1996）。根据《中国统计年鉴》的报告，在2000年至2007年的7年间，私营企业的数量增长了约3倍，即从2000年的约176万家增长到2007年的约550万家。实施经济体制改革的成效显著，但是这一改革也带来了地域发展的不均衡，造成了区域差距的扩大（Wei et al.，2011）。例如，一些沿海地区（如广东）的私营企业的数量远远超过中西部地区（如宁夏和广西）。这说明中国不同地区企业间的竞争程度有很大差异（White，1990）。

市场竞争的加剧使资源获取成对企业生存和发展极为重要的因素之一

（Barney，2001）。然而，由于企业数量的不断增加，使得企业间为了获取有限的政府资源而展开更加激烈的竞争，这意味着企业与政府之间的关系变得更加重要。

资源竞争会影响企业的战略，因为企业需要考虑资源提供者的利益（Pfeffer et al.，2003）。在资源竞争程度较高的地区，企业需要更加注重外部的资源获取。在这种情况下，政府资源对企业产生持续的竞争优势就显得尤为重要（王永贵等，2019；Park et al.，2001）。因此，如果企业想要获取政府资源，他们就需要更积极地利用和维持社会资本（Okhmatovskiy，2010）。企业应将更多的社会责任投资作为一种互惠交换来满足政府的需求，从而维持与政府之间的关系和获取政府资源。因此，对于资源竞争程度更高的地区的企业来说，社会资本将激励他们更积极地从事企业社会责任活动。

在资源竞争程度较低的地区，企业可以更容易地从外部寻求资源（Pfeffer et al.，2003）。相应地，企业可以更少地依赖政府资源。因此，社会资本不会对企业社会责任投资产生过多影响。

综上，本章提出了第二个假设：

H2：与政府资源竞争程度较低的地区相比，社会资本对企业社会责任过度投资的促进作用，在资源竞争程度较高的地区表现得更加明显。

5.3 数据、研究设计与变量测量

5.3.1 数据

本研究所采用的数据来源与前面章节相同，本研究在删除了变量缺失的样本之后，最终分析样本为 2219 家私营企业。

5.3.2　研究设计

第一阶段：企业社会责任过度投资的预测

根据法布里齐（2014）的方法，本书的企业社会责任投资包括改善环境的投入和社会捐赠。本书参照里昂等（2015）的做法，对企业社会责任的过度投资进行了预测。里昂等将企业社会责任投资分为两个部分：一部分是对企业社会责任的"最佳水平"投资，即由经济因素驱动的社会责任投资。另一部分是非经济因素驱动的社会责任投资。本书预测每个企业的企业社会责任投资的最佳水平，通过以下公式：

$$企业社会责任投资 = \beta_0 + \beta_1 企业因素 + \beta_2 行业因素 + \varepsilon_i$$

为了确保企业和行业因素可以更好地解释影响企业社会责任投资行为的因素，本书结合现有的企业社会责任投资的相关文献而展开论述（Lys et al.，2015）。具体而言，本书对企业社会责任的投资预测包括了企业的年龄和规模，因为年龄和规模较大的企业对社会责任的投资可能更多（Arya et al.，2009）。企业声誉的提升可能激励企业进行更多的社会责任投资，因此本书考虑了企业的广告和研发支出（Luo et al.，2009）、品牌数量（Berens，2005）、质量认证（Graafland，2003），以及新产品数量（Smith et al.，1991）等因素。此外，本书还考虑了管理者的决策权，因为管理决策权越高，企业社会责任投资的个人意图就越强（Arnaud et al.，2014）。本书考虑了企业负债比率，因为财务风险较低的企业更可能对企业社会责任进行投资（Orlitzky et al.，2001）。本书考虑了资产收益率、销售收益率和收入，因为这些因素代表着企业在社会责任投资行为中的财务能力（Hammond et al.，1996）。本书考虑了企业的海外销售和海外投资情况，因为在海外运营的企业需要对企业社会责任进行更多的投资以增加其国际竞争优势（Liu，2014）。本书还考虑了行业因素的影响，因为不同行业具有不同的环境影响及不同的成长前景，这些都会极大地影响企业的社会责任投资行为

（Karpoff，2005；Griffin et al.，1997）。

遵循里昂等（2015）的做法，本书用上述公式中企业社会责任的拟合值代表企业社会责任最优水平，并利用这个模型的正残差代表企业社会责任的过度投资。然后，本书将企业社会责任过度投资（正残差）编码为1，其他编码为0。根据本书假设，企业社会责任过度投资应与社会资本呈正相关关系。此外，本书分别去除了残差最小为10%和20%的企业后重复进行预测，因为这些企业更容易在模型预测中产生误差。去除残差为10%和20%的企业后，预测结果与先前的预测结果相似。

第二阶段：假设检验

考虑到随机的企业因素和固定的行业因素影响，本书利用混合效应模型来检验假设（Baltagi et al.，1994；Singer，1998），它具有随机性等因素所产生的偏差。为了验证研究结果的稳健性，本书进一步采用了Probit回归分析方法来验证假设。

5.3.3　变量测量

（1）因变量

因变量为在第一阶段中预测的企业社会责任的过度投资。企业有过度社会责任投资编码为1，其余编码为0。

（2）自变量

社会资本的测量与前面章节相同。出于假设检验模型的考虑，本章节将社会资本作为一个虚拟变量，如果企业家是政协委员或人大代表，就将其社会资本编码为1，其他则编码为0。

（3）调节变量

非国有企业的发展指数是市场化指数的主要指标，本书利用它来测量政府资源的竞争程度。非国有企业发展指标包含三个维度：①非国有企业占工业总产

值的比例。②非国有企业占固定资产总投资的比例。③非国有企业的就业总量与
总就业量的比例。这个指标的适用性在于非国有企业的高度发展意味着市场上有
更多的私营企业，且企业之间存在着更多的资源竞争。这为区分中国不同区域间
政府资源的竞争提供了更全面的视角。

（4）控制变量

由于企业和行业的一些特征会影响社会资本与企业社会责任过度投资之间
的关系，本书控制了企业和行业层次的一些变量，然后综合预测第一阶段企业社
会责任的过度投资情况。在后续的假设检验中，本书加入了与企业家个人相关的
控制变量，其中包括企业家的年龄、教育程度、性别和是否为总经理或董事长双
职合一。表 5-1 为所有变量的具体测量方法。

表 5-1　变量描述

变量	变量描述
企业社会责任投资	2015 年企业社会责任投资与总销售额的比率
企业年龄	企业创建年限
企业规模	企业 2015 年销售额的自然对数
新产品数量	企业新产品数量的自然对数
知名品牌数量	企业知名品牌数量的自然对数
海外投资	2015 年海外投资额与总销售额的比率
海外销售	2015 年海外销售额与总销售额的比率
R 和 D 投入	2015 年 R 和 D 投资额与总销售额的比率
广告费用	2015 年广告费用与总销售额的比率
销售回报率（ROS）	2015 年利润与总销售额的比率
企业负债率	2015 年企业负债额与销售额的比率
捐赠历史	企业以前是否具有捐赠经历
质量认证	企业是否取得权威机构的质量认证
资产回报率（ROE）	2015 年净收益与总资产的比率

变量	变量描述
净收益	2015 年企业的净收益
企业家的决策权	企业家在企业决策中是否具有决策权
行业影响	各企业所在的行业
企业家的两职合一	企业家是否同时担任总经理和董事长
企业家年龄	2015 年企业家的年龄
企业家的教育程度	企业家的学历（从小学到研究生）
企业家的性别	男或者女
社会资本	企业家是否为政协委员或人大代表
政府资源竞争	各地区非国有企业的发展指数
企业社会责任的过度投资	第一阶段中对企业社会责任的预测值的正残差

5.4 研究结果

表 5-2 列出了各相关变量间的标准差及相关性系数。社会资本和企业社会责任投资间的正相关关系具有十分重要的意义，这表明社会资本可以促进企业社会责任的投资。政府的资源竞争与社会资本呈显著正相关关系（$p < 0.01$）。各变量间的相关系数没有大于 0.4 的情况，说明数据之间不存在多重共线性问题。

表 5-2 相关变量的描述性统计分析和 Spearman 等级相关系数

变量	1	2	3	4	5	6	7	8	9	10	11
企业社会责任的过度投资	1										
社会资本	0.132***	1									
政府资源竞争	0.112***	0.019	1								
企业年龄	0.037*	0.265***	0.116***	1							
企业规模	0.217***	0.400***	0.234***	0.234***	1						
新产品数量	0.065***	0.185***	0.126***	0.169***	0.316***	1					
知名品牌数量	0.055***	0.240***	0.034*	0.151***	0.270***	0.342***	1				
海外投资	0.013	0.025	-0.029	-0.025	-0.009	0.035*	0.032	1			
海外销售	0.054***	0.094***	0.152***	0.085***	0.229***	0.255***	0.124***	0.078***	1		
R 和 D 投入	-0.001	0.001	-0.022	0.000	-0.032***	0.135***	0.009	0.019	0.046**	1	
广告费用	-0.017	-0.010	-0.036**	-0.021	-0.134***	0.016	-0.004	0.006	-0.036	0.062***	1
销售回报率	0.016	0.020	0.006	0.025	0.048**	0.012	0.010	0.001	0.006	0.004	0.001
负债率	0.013	0.043**	-0.021	0.009	0.114***	0.037*	0.031***	-0.005	0.027	-0.000	-0.008

注：$*p<0.1$，$**p<0.05$，$***p<0.01$

续表

变量	1	2	3	4	5	6	7	8	9	10	11
捐赠历史	-0.015	0.070***	-0.015	0.047**	0.099***	0.048**	0.038*	0.004	0.026	0.009	0.010
质量认证	0.061***	0.218***	0.100***	0.172***	0.438***	0.359***	0.342**	0.043**	0.136***	0.035**	-0.043*
资产回报率	0.067***	0.031**	0.031	0.037*	0.133***	0.067**	0.046***	-0.00	0.005	0.059**	-0.012
净收益	0.126***	0.153***	0.043**	0.086***	0.309**	0.182***	0.138***	-0.002	0.054***	0.110***	-0.018
企业家的决策权	0.011	-0.127***	0.001	0.034	-0.225***	-0.113***	-0.085**	-0.032	-0.044**	-0.028	-0.027
行业影响	-0.053**	-0.184***	-0.065***	-0.113***	-0.256***	-0.265***	-0.164***	-0.035**	-0.177***	-0.036*	0.017
企业家的两职合一	-0.005	-0.072***	-0.045**	-0.054***	-0.021	-0.002	-0.011	0.035**	-0.036***	-0.011	0.055***
企业家的年龄	-0.023	-0.016	-0.043**	0.023	0.025	0.015	0.007	-0.007	-0.009	0.000	-0.002
企业家的教育程度	-0.104***	-0.125***	0.059***	0.060**	-0.163***	-0.151***	-0.121***	-0.030	-0.028	-0.034*	-0.000
企业家的性别	-0.036**	-0.091***	-0.052**	-0.068**	-0.134***	-0.079***	-0.012	0.007	-0.024	-0.007	-0.012
均值	0.427	0.468	9.840	7.388	6.675	0.636	0.162	0.002	0.055	0.018	0.014
方差	0.433	0.413	2.62	4.750	2.183	1.164	0.356	0.038	0.018	0.135	0.118

注：*$p<0.1$，**$p<0.05$，***$p<0.01$

续表

变量	12	13	14	15	16	17	18	19	20	21	22	23
销售回报率	1											
负债率	0.012	1										
捐赠历史	-0.016	0.015	1									
质量认证	0.030	0.065***	0.056***	1								
资产回报率	0.024	0.215***	0.011	0.077***	1							
净收益	0.021	0.016	0.019	0.168***	0.251***	1						
企业家的决策权	0.016	-0.036*	-0.046**	-0.112***	-0.024	-0.069***	1					
行业影响	-0.009	-0.048**	-0.056***	-0.312***	-0.041**	-0.13**	0.012	1				
企业家的两职合一	0.013	-0.013	-0.010	-0.042**	0.025	-0.007	-0.12**	0.077***	1			
企业家的年龄	0.001	-0.002	-0.001	0.005	0.001	0.032	-0.023	0.024	-0.013	1		
企业家的教育程度	0.002	0.017	-0.011	-0.112***	-0.038*	-0.082***	0.205***	-0.062**	-0.153**	0.013	1	
企业家的性别	0.009	-0.015	-0.021	-0.099***	-0.012	-0.038*	0.012	0.144***	0.059***	0.007	0.015	1
均值	4.573	1.041	0.993	0.461	0.727	8.246	0.333	5.348	1.091	47.189	3.028	1.148
方差	0.126	4.661	0.084	0.465	0.081	0.232	0.453	2.262	0.288	67.351	1.161	0.321

注：*$p<0.1$，**$p<0.05$，***$p<0.01$

5.4.1 企业社会责任过度投资的预测结果

表 5-3 为企业社会责任过度投资的预测结果，结果表明本书的预测模型具有较高的可信度。第一列中所有变量回归后的拟合优度 R^2 为 44.1%，表明该模型具有较高的拟合度。为了进一步测试模型结果的稳健性，本书逐步剔除了在企业社会责任投资中的某个自变量和行业因素（Lys，2015）。表 5-3 的结果说明，企业规模和广告费用在较大程度上影响了模型的拟合优度，他们的下降幅度分别为17.2% 和 10.2%，即拟合优度从 44.1% 分别降低为 26.9% 和 33.9%。在剔除行业因素后，拟合优度从 44.1% 下降 1.6%，变成了 42.5%。本书将该模型预测出的正残差用来代表企业社会责任的过度投资。

表 5-3 企业社会责任投资的经济决定因素

变量	企业社会责任	企业社会责任	企业社会责任	企业社会责任
	模型 1	模型 2	模型 3	模型 4
企业年龄	0.011	-0.032**	0.001	0.001
	（0.001）	（0.001）	（0.001）	（0.001）
企业规模	-0.067***		-0.063***	-0.072***
	（0.001）		（0.002）	（0.003）
新产品数量	0.004*	-0.004	0.017*	0.007
	（0.004）	（0.004）	（0.005）	（0.005）
知名品牌数量	0.014	-0.009	0.020	0.009
	（0.012）	（0.014）	（0.013）	（0.012）
海外投资	0.071	0.165*	-0.012*	0.076
	（0.095）	（0.201）	（0.103）	（0.065）
海外销售	0.035*	-0.046*	0.035*	0.028*
	（0.021）	（0.032）	（0.032）	（0.025）

注：*$p<0.1$，**$p<0.05$，***$p<0.01$

表5-3 续　企业社会责任投资的经济决定因素

变量	企业社会责任 模型 1	企业社会责任 模型 2	企业社会责任 模型 3	企业社会责任 模型 4
R 和 D 投入	0.159**	0.261***	0.216**	0.138**
	（0.037）	（0.041）	（0.034）	（0.037）
广告费用	0.720***	0.823***		0.786***
	（0.031）	（0.023）		（0.035）
销售回报率	-0.431***	-0.553***	-0.435***	-0.493***
	（0.031）	（0.051）	（0.043）	（0.038）
负债比率	0.001	-0.000	0.001	0.002
	（0.001）	（0.001）	（0.001）	（0.001）
捐赠历史	0.288***	0.210***	0.303***	0.305***
	（0.052）	（0.042）	（0.065）	（0.063）
质量认证	0.041***	-0.043**	0.051***	0.035***
	（0.011）	（0.013）	（0.011）	（0.011）
资产回报率	-0.163**	-0.232**	-0.162*	-0.172**
	（0.061）	（0.063）	（0.054）	（0.052）
净收益	0.057**	-0.061**	0.063**	0.073**
	（0.021）	（0.021）	（0.023）	（0.021）
企业家的决策权	-0.039***	0.016	-0.048***	-0.038***
	（0.010）	（0.012）	（0.012）	（0.010）
行业影响	包含	包含	包含	去除
R^2	0.439	0.268	0.336	0.410
调整的 R^2	0.441	0.269	0.339	0.425
N	2219	2219	2219	2219

注：*$p<0.1$，**$p<0.05$，***$p<0.01$

5.4.2　假设检验结果

本书利用混合模型来检验假设。在第一阶段，本书检验了控制变量与因变量（对企业社会责任的过度投资）之间的关系（模型1）。在第二阶段，在回归方程中加入了自变量"社会资本"（模型 2）。在第三阶段的全模型中，添加交互项"政府资源竞争和社会资本"。

表 5-4　假设检验：混合回归模型

变量	企业社会责任的过度投资	企业社会责任的过度投资	企业社会责任的过度投资
	模型 1	模型 2	模型 3
政府资源竞争	0.024*	0.023*	0.023*
	(0.012)	(0.012)	(0.013)
企业年龄	-0.007*	-0.009*	-0.010*
	(0.004)	(0.004)	(0.004)
企业规模	0.146***	0.136***	0.141***
	(0.042)	(0.042)	(0.042)
新产品数量	-0.007	-0.006	-0.009
	(0.032)	(0.032)	(0.031)
知名品牌数量	-0.024	-0.032	-0.034
	(0.052)	(0.054)	(0.053)
海外投资	0.542	0.494	0.528
	(0.566)	(0.546)	(0.551)
海外销售	-0.121	-0.117	-0.128
	(0.125)	(0.126)	(0.124)
R 和 D 投入	-0.001	-0.001	-0.015
	(0.334)	(0.339)	(0.337)
广告费用	0.321	0.315	0.235
	(0.215)	(0.213)	(0.213)
销售回报率	0.115	0.156	0.128
	(0.087)	(0.091)	(0.091)
负债比率	-0.004	-0.004	-0.004
	(0.004)	(0.003)	(0.003)
捐赠历史	-0.692*	-0.699*	-0.708*
	(0.306)	(0.303)	(0.306)

变量	企业社会责任的过度投资	企业社会责任的过度投资	企业社会责任的过度投资
	模型 1	模型 2	模型 3
质量认证	-0.213**	-0.221**	-0.211**
	（0.066）	（0.066）	（0.065）
资产回报率	0.603	0.621	0.672
	（0.621）	（0.621）	（0.618）
净收益	0.313	0.321	0.315
	（0.321）	（0.321）	（0.288）
企业家的决策权	0.252**	0.223**	0.238**
	0.022*	0.022*	0.025*
企业家的两职合一	0.011	0.021	0.015
	（0.112）	（0.111）	（0.111）
企业家的年龄	-0.011**	-0.011**	-0.011**
	（0.000）	（0.000）	（0.000）
企业家的教育程度	-0.082***	-0.082***	-0.082***
	（0.022）	（0.022）	（0.022）
企业家的性别	-0.081	-0.091	-0.091
	（0.101）	（0.101）	（0.100）
行业影响	包含	包含	包含
社会资本		0.183*	0.188*
		（0.053）	（0.063）
社会资本 × 政府资源竞争			0.053*
			（0.023）
对数似然值	-1332.012	-1350.354	-1351.521
N	2219	2219	2219

注：$*p<0.1$，$**p<0.05$，$***p<0.01$

表 5-4 表明部分控制变量对企业社会责任的过度投资有显著影响。其中所有变量在表 5-1 中均已定义。"*""**"和"***"分别表示 $p<0.1$、$p<0.05$ 和 $p<0.01$。假设 1 预测了社会资本和企业社会责任过度投资之间的正相关关

系。在模型 2 中，社会资本和企业社会责任过度投资之间呈现出了正相关关系（β=0.183，$p<0.1$，见表 5-4，模型 2），假设 1 得到验证。假设 2 中考虑到政府资源竞争的调节作用，结果显示社会资本和政府资源竞争对自变量和因变量之间的交互作用显著（β=0.053，$p<0.1$，见表 5-4，模型 3），说明政府资源竞争对社会资本和企业社会责任过度投资之间的关系有正向的调节作用，假设 2 得到验证。但得到的相关系数较低，这是因为一些外部因素也可能影响到企业社会责任的投资，如政策环境的变化和企业竞争对手的社会责任投资水平。一旦政府制定了对企业更为有利的政策，它就将进一步激励企业进行社会责任投资，并削弱地方政府在企业与政府关系和企业社会责任过度投资之间的作用。此外，其他企业的社会责任投资水平也可能影响到企业家的决策。因此，企业社会责任投资也受到政策环境和其他企业行为的影响。以上因素将在后面的研究中进一步验证。

5.4.3 稳健性测试

为了检验模型及结果的稳健性，在表 5-5 中，本书进一步利用 Probit 回归对假设进行了再次检验，并得到了相似的结果。如混合模型的检验步骤相同，在第一阶段，本书检验了控制变量与因变量（对企业社会责任的过度投资）之间的关系（模型 1）。在第二阶段，在回归方程中加入了自变量"社会资本"（模型 2），检测社会资本对企业社会责任过度投资的积极作用。在第三阶段的全模型中，添加自变量"社会资本"和调节变量"政府资源竞争"的交互项"政府资源竞争和社会资本"。

在模型 1 中，结果显示部分控制变量对因变量"企业社会责任过度投资"具有显著影响，如企业规模、政府资源竞争等。假设 1 预测了社会资本和企业社会责任过度投资之间的正相关关系。表 5-5 中的结果显示，社会资本对企业社会责任的过度投资具有正向影响（$\beta = 0.197$，$p < 0.05$，见表 5-5，模型 2），假设 1 得到验证。假设 2 认为，政府资源竞争对社会资本与企业社会责任过度投资之

间的关系具有正向调节作用。数据结果显示，政府资源竞争对社会资本和企业社会责任过度投资之间关系的正向调节作用得到验证（β=0.044，$p<0.1$，见表 5-5，模型 3），假设 2 得到了支持。通过混合模型的检验和数据结果的稳健性测试，结果证明本书的假设，即社会资本、政府资源竞争和企业社会责任的过度投资之间的关系具有较高的可信度。

表 5-5　稳健性检验：Probit 回归

变量	企业社会责任的过度投资	企业社会责任的过度投资	企业社会责任的过度投资
	模型 1	模型 2	模型 3
政府资源竞争	0.026**	0.028**	0.029**
	(0.011)	(0.011)	(0.011)
企业年龄	-0.005	-0.009*	-0.010*
	(0.005)	(0.005)	(0.005)
企业规模	0.138***	0.127**	0.130**
	(0.033)	(0.036)	(0.040)
新产品数量	0.008	0.008	0.005
	(0.030)	(0.030)	(0.030)
知名品牌数量	0.009	-0.013	-0.011
	(0.060)	(0.052)	(0.053)
海外投资	0.446	0.432	0.489
	(0.552)	(0.532)	(0.526)
海外销售	-0.051	-0.052	-0.062
	(0.120)	(0.122)	(0.122)
R 和 D 投入	0.014	0.016	0.002
	(0.333)	(0.333)	(0.334)
广告费用	0.264	0.242	0.232
	(0.183)	(0.189)	(0.193)
销售回报率	0.113	0.116	0.118
	(0.098)	(0.099)	(0.097)

续表

变量	企业社会责任的过度投资	企业社会责任的过度投资	企业社会责任的过度投资
	模型 1	模型 2	模型 3
负债比率	-0.003	-0.003	-0.003
	(0.004)	(0.004)	(0.004)
捐赠历史	-0.621*	-0.642*	-0.612*
	(0.295)	(0.300)	(0.304)
质量认证	-0.115**	-0.181**	-0.151**
	(0.066)	(0.064)	(0.064)
资产回报率	0.665	0.618	0.686
	(0.638)	(0.658)	(0.655)
净收益	0.352	0.321	0.315
	(0.284)	(0.285)	(0.283)
企业家的决策权	0.211**	0.222**	0.221**
	(0.077)	(0.076)	(0.077)
企业家的两职合一	0.004	0.026	0.023
	(0.112)	(0.114)	(0.114)
企业家的年龄	-0.011**	-0.011**	-0.011**
	(0.000)	(0.000)	(0.000)
企业家的教育程度	-0.065***	-0.076***	-0.065***
	(0.019)	(0.020)	(0.020)
企业家的性别	-0.070	-0.067	-0.045
	(0.076)	(0.098)	(0.078)
行业影响	包含	包含	包含
社会资本		0.189***	0.188**
		(0.068)	(0.079)
社会资本 × 政府资源竞争			0.044**
			(0.020)
对数似然值	-1356.71	-1321.32	-1362.40
N	2219	2219	2219

*$p<0.1$，**$p<0.05$，***$p<0.01$

为更清楚地对本书假设的验证结果进行说明，本书用图 5-1 来表示社会资本与企业社会责任过度投资之间的关系。为了充分显示政府资源竞争这一变量的调节作用，本书进一步区分了交互项，比较了社会资本在政府资源竞争高、低两种情况下对企业社会责任过度投资的影响。图 5-2 描述了政府资源竞争对社会资本和企业社会责任过度投资之间的显著调节作用。

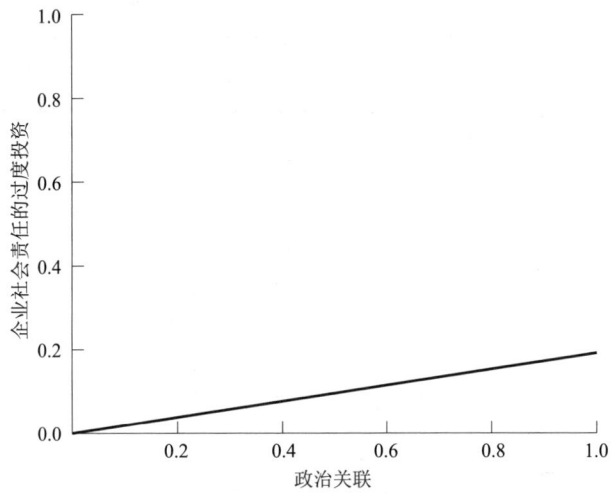

图 5-1　社会资本与企业社会责任过度投资（假设 1）

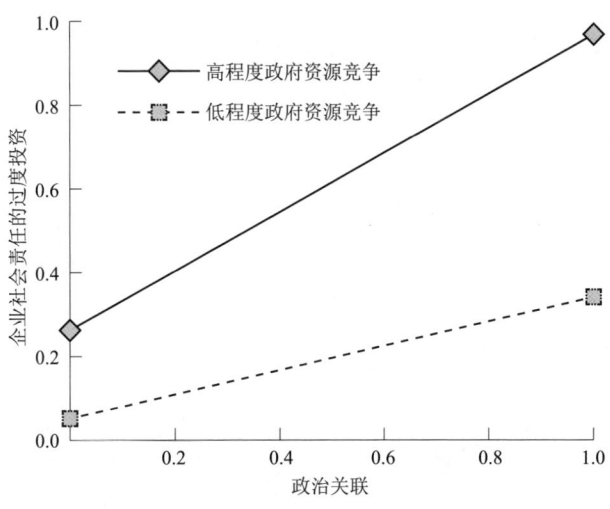

图 5-2　政府资源竞争的调节作用（假设 2）

5.5　结　论

　　本书利用中国私营企业作为样本，对企业社会责任的过度投资行为进行了区分，研究了社会资本对企业社会责任过度投资的影响。实证研究结果表明，社会资本对企业社会责任的过度投资具有显著的正相关关系。此外，政府资源竞争对社会资本和企业社会责任投资之间的关系具有正向调节作用。

基于认知理论，本章将验证社会资本和企业社会雇员离职率之间的关系，并探讨企业社会责任投资的中介作用和企业雇员薪资水平的调节作用。通过对中国 2021 家私营企业样本的分析，本书发现，社会资本对企业雇员离职率具有负效应。研究结果还表明，企业社会责任投资在社会资本和企业雇员离职率之间具有中介作用，同时企业雇员薪资水平对这一关系有正向的调节作用。

　　本章首先对社会资本、企业社会责任投资与雇员离职率等相关关系进行了文献回顾，基于已有研究基础提出假设，并对假设进行验证。研究方法主要采用多重线性回归对假设进行验证。

　　以往研究大多从社会资本给企业雇员带来的福利以及企业声誉等角度研究其对雇员离职的影响。鲜有从社会资本对企业社会责任投资的角度探讨对雇员离职的影响。本章从企业社会责任投资在社会资本与雇员离职率中的中介作用出发，分析了雇员薪资水平对这一中介作用的调节效应，丰富了企业与政府关系方面的研究。

6.1　问题的提出

　　近年来，企业用人问题凸显，雇员离职率整体不断上升，根据怡安翰威特（Aon Hewitt）公布的中国人力资本调研数据显示，2017 年我国员工离职率为

19.7%，其中主动离职率为 14.4%，被动离职率为 5.3%。2018 年这一数据则上升至 20.6%，其中主动离职率为 15.5%，被动离职率为 5.1%。人力资源的流失意味着企业不得不耗费更多的人力和物力成本进行新员工的招聘及培训。同时，雇员的离职还可能带来重要客户的流失及商业技术的泄密，使企业面临更高的经营风险。过高的离职率还会影响现有员工对企业的价值判断，进一步影响企业人力资本的稳定。这些不利因素都会加大企业的经营成本与风险，损害企业利益，从而成为企业发展的桎梏。因此，如何解决这一问题，更好地促进人力资本的稳定与发展是企业长期面临的一个重要课题。

雇员离职问题一直是人力资源管理、组织行为学和企业组织的研究重点。企业的状况及经营模式千差万别，造成雇员离职的因素也各不相同。在影响雇员离职的一些因素分析中，已有研究大多集中于外部环境、制度因素或领导方式等导致雇员个人的工作满意度或组织承诺上不佳（如翁清雄等，2010；苏方国等，2005）。社会资本作为企业一个重要的资源获取渠道，其可以影响企业战略的制定和实施，影响企业的资源分配和企业绩效（罗党论等，2008），这些也是影响雇员满意度和导致雇员离职的重要因素。但目前关于社会资本与雇员离职率的研究仅关注于社会资本对企业雇员规模和雇员福利等的直接影响，而没有进一步探讨社会资本带来的企业资源分配及企业战略的改变对雇员离职的间接作用。

本章拟进一步完善社会资本与雇员离职关系的研究。基于认知理论，本章从企业与政府关系出发，分析政企关系对雇员离职率的直接影响、企业社会责任投资在这一影响机制中的中介效应，以及雇员薪水的调节作用。图 6-1 为本章研究框架图。

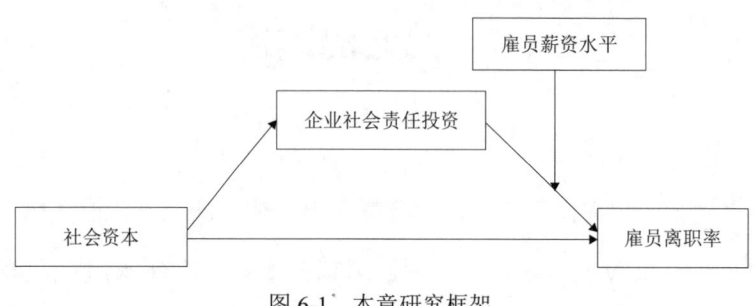

图 6-1　本章研究框架

6.2　理论与假设

6.2.1　社会资本对企业雇员离职率的影响

已有研究认为企业雇员的离职行为与雇员福利高度相关（张建琦等，2003）。对于具有社会资本的企业家而言，其行政级别越高，所在企业也越容易被媒体、政府和劳动部门关注。构建和谐的劳动关系对具有正式社会资本的新创企业尤为重要，一旦企业发生严重的劳资纠纷、劳动安全事故或劳动违法行为被曝光，将对企业声誉造成严重损害，并有可能危及企业家的政治地位。因此，具有社会资本的企业会主动遵守劳动法律、增加劳动保护和劳动安全投资、提高劳动者报酬、积极为员工购买各项社会保险、给予员工各项福利待遇、严格按照法定劳动时间安排工作、并足额支付加班费用。尽管这些措施将支付更多的劳动力成本，但为了维护自身的政治声誉和政治地位，企业家往往愿意支付更多的成本（刘慧龙等，2010）。另外，通过参政议政，企业家的社会资本也会激发他们承担社会责任的使命感，认识到就业及和谐劳动关系对政府和社会稳定的重要性，从而自觉遵守劳动法规，给予劳动者合理的薪酬待遇。梁莱歆等（2010）也认为，具有社会资本的企业不能自主地决定雇员数量和控制雇佣成本，具有社会资本的企业往往雇佣人数更多，给予雇员的福利更高。而更高的福利会吸引更多的求职者，提高现有雇员的满意度和忠诚度，从而降低雇员的离职率。

同时，由于人大代表、政协委员属于一种公共职务，因此具有社会资本的企业往往受到外界的高度关注，进而影响着企业的知名度。已有研究表明，企业的知名度可以提升雇员的忠诚度（Helm，2007），从而对企业雇员的离职率产生影响。此外，社会资本可以为企业带来更多的稀缺资源和市场机遇，可以对企业绩效产生积极效应，更有利于企业的长期发展（罗党论等，2008），从而提升雇员对企业价值的判断，有利于雇员的稳定性。基于此，本节做出以下假设：

假设 1：具有社会资本的企业，其雇员的离职率更低。

6.2.2　企业社会责任投资的中介作用

基于社会交换理论，企业的社会资本往往促进企业进行社会责任投资，从而实现与政府的互惠。因此社会资本对企业社会责任投资具有促进作用（Li et al.，2010；Sun，2012）。已有研究也证明企业社会责任投资对企业内部相关利益者的行为产生影响（Kim et al.，2006）。而企业社会责任的履行可以帮助企业建立社会道德形象，提升雇员对企业的满意度和自豪感。社会认同理论认为，当个人因为其组织成员身份而感到自豪时，就会有很强的动机去认同他们的组织（Riketta，2005）。而组织认同水平的提高会导致员工对组织心理上的依附感增强，使离职意愿降低（Dutton et al.，1994）。因此，企业的社会责任投资往往可以提高雇员的组织认同，从而影响雇员的离职率。

同时，企业的社会责任投资可以带来良好的社会关系和更好的社会关注度，提升企业的美誉度，有利于企业绩效的提升（Hammann et al.，2009；Hillman et al.，2001）。已有研究也认为，社会责任投资可以促进企业的销售业绩，提升企业绩效（Kim et al.，2006）。而企业绩效往往与雇员利益紧密相关，更高的绩效使得企业有更多的资源可分配给雇员。良好的企业绩效意味着更好的员工福利水平，有利于员工对企业的预期价值判断，增强雇员的满意度，从而对雇员的稳定性具有促进作用。基于此，本章做出以下假设：

假设 2：企业的社会责任投资在社会资本与雇员离职率的关系中起到中介作用。

6.2.3　雇员薪资水平的调节作用

雇员的薪资水平直接影响其对企业的满意度，也是决定雇员稳定性的一个重要因素（张建琦等，2003）。已有研究显示，雇员平均薪资水平更高的企业，其雇员对企业的满意度越高，企业对求职者的吸引力越大，雇员平均在职时间更长（张建琦等，2003）。

企业社会责任指企业以自愿的方式支配自身的资源来提升社会福利的行为（Hillman et al.，2001）。而企业的资源是有限的，因此企业资源的分配方式直接影响雇员的利益（Hillman et al.，2001）。当企业使用更多的资源用于社会责任投资，企业对内部的支出必然受到不同程度的影响。因此企业通过社会责任投资树立外部形象、提升雇员满意度的同时，也会对雇员的公平感产生影响。当企业过多地投资社会责任，而雇员薪资水平得不到相应的提升的时候，雇员的公平感就会降低，即企业更多地关心企业外部的社会福利水平而非内部利益。公平感直接对雇员的满意度产生影响，从而进一步影响雇员的组织承诺，成为影响雇员离职的一个重要因素（Masterson，2001）。费里斯（2008）等发现，当员工长期感受到不公平的时候，他们的自尊心和满意度就会下降，同时导致雇员的离职行为。基于此，本书做出以下假设：

假设 3：雇员的薪资水平越高，则企业社会责任投资对雇员离职率的抑制作用越强，从而导致社会资本对企业雇员离职率的负效应越大。

6.3　数据、变量测量及研究方法

6.3.1　数据

数据使用与前面章节相同，在去除缺失值后，总样本为 2021 家私营企业。

6.3.2 变量测量

（1）因变量

员工离职率：根据叶仁荪等（2004）的研究，员工离职数为当年企业的员工离职数。员工离职率为当年离职人员与企业总雇员人数的比率。

（2）自变量

企业家的社会资本：与前面章节一致，即企业家是否为人大代表或政协委员。

（3）调节变量

雇员薪资水平：企业雇员 2015 年的平均收入。

（4）中介变量

企业社会责任投资：2015 年企业社会责任投资与总销售额的比率。

（5）控制变量

企业家的年龄、性别、受教育程度、企业规模、企业年龄、企业所处行业。测量方法与前面章节一致。

6.3.3 研究方法

由于本书模型中包含中介变量和调节变量的交互影响，因此本书对假设采用多重线性回归来进行检测。为了消除潜在的多重共线性所带来的问题，同时更加明确交互的效果，本书对每一个标度求平均数来测量交互作用（Aiken et al.，1991）。同时根据汉密尔顿（2003）的研究，逐步回归可以避免变量的内生性因素带来的影响。因此本书采取多层回归来对假设进行检验（Slotegraaf et al.，2003）。

6.4 研究结果

表 6-1 列出了各相关变量间的标准差及其相关性系数。社会资本和企业社会责任投资、雇员薪资水平、雇员离职率之间具有明显的正相关关系。各变量间的相关系数没有大于 0.4 的情况，说明数据之间不存在多重共线性问题。

本书利用多重回归模型检验假设。在第一阶段，本书检验了因变量（企业雇员离职率）与自变量（社会资本）、调节变量（雇员薪资水平）之间的关系（模型 1）。在第二阶段，检验了中介变量（企业社会责任投资）与自变量、调节变量之间的关系（模型 2）。在第三阶段，检验因变量与自变量、中介变量、调节变量之间的关系（模型 3）。第四阶段，在回归方程中加入了中介变量和调节变量的交互项"雇员薪资水平 × 企业社会责任投资"。模型 4 为全模型，检验自变量、因变量、调节变量、中介变量和交互项之间的关系。

表6-1 相关变量的描述性统计分析和 Spearman 等级相关系数

变量	1	2	3	4	5	6	7	8	9
雇员离职率	1								
社会资本	0.652***	1							
企业社会责任投资	0.421**	0.451***	1						
雇员薪资水平	0.652**	0.563**	0.341**	1					
性别	-0.116***	-0.127**	-0.112**	-0.172**	1				
年龄	0.084***	0.111***	0.156***	0.153***	-0.094**	1			
教育程度	0.226**	0.228**	0.183***	0.135***	0.009	-0.156**	1		
行业	0.124**	0.111***	0.104***	0.051**	-0.021	-0.052**	0.162***	1	
企业年龄	0.161**	0.061**	0.255***	0.282***	-0.073***	0.252***	-0.032**	-0.01	1
企业规模	0.521**	0.676***	0.442***	0.656***	-0.162***	0.172***	0.232***	0.060*	0.198*
均值	3.623	1.718	1.314	3.621	1.256	41.323	4.129	0.380	8.236
标准差	2.723	2.219	0.900	1.341	0.241	9.046	1.120	0.390	4.289

注：*$p<0.1$，**$p<0.05$，***$p<0.01$

表 6-2 回归分析结果

变量	模型 1	模型 2	模型 3	模型 4
	雇员离职率	社会责任投资	雇员离职率	雇员离职率
社会资本	-0.076**	0.033**	-0.073**	-0.061*
	(0.041)	(0.031)	(0.021)	(0.017)
雇员薪资水平	-0.321*	0.121*	-0.025**	-0.337*
	(0.020)	(0.010)	(0.018)	(0.021)
社会责任投资			-0.223**	-0.241**
			(0.029)	(0.019)
社会责任投资 × 雇员薪资水平				-0.093**
				(0.010)
性别	-0.112	-0.073*	-0.113	-0.115*
	(0.092)	(0.045)	(0.002)	(0.003)
年龄	-0.007*	0.004*	-0.008*	0.005
	(0.004)	(0.002)	(0.004)	(0.004)
受教育程度	0.079***	0.035**	0.073***	0.012
	(0.021)	(0.014)	(0.021)	(0.027)
行业	0.192***	0.045	0.182***	-0.082
	(0.012)	(0.032)	(0.035)	(0.035)
企业年龄	0.021***	0.022**	0.023**	0.033**
	(0.003)	(0.003)	(0.003)	(0.004)
企业规模	0.025**	0.026**	0.023**	0.033***
	(0.006)	(0.003)	(0.007)	(0.007)
调整 R^2	0.531	0.289	0.541	0.499
N	2021	2021	2021	2021

$*p<0.1$，$**p<0.05$，$***p<0.01$

表 6-2 表明部分控制变量对企业社会责任的过度投资有显著影响，如企业家的教育水平、企业所处行业、企业规模和企业年龄等。假设 1 预测了社会资本和企业雇员离职率的负相关关系。在模型 1 中，社会资本和企业雇员离职率之间呈现出了显著的负相关关系（β =-0.076，$p < 0.05$，见表 6-2，模型 1），假设 1 得到

验证。假设 2 考虑到企业社会责任投资的中介作用，模型 2 结果显示社会资本对企业社会责任的影响显著（$\beta = -0.033, p < 0.05$，见表 6-2，模型 2）。在模型 3 中，数据结果显示企业社会责任的中介效应显著（$\beta = -0.223, p < 0.05$，见表 6-2，模型 3），假设 2 得到验证。模型 4 为全模型，综合考虑了社会资本、企业社会责任投资、企业雇员薪资水平以及薪资水平和企业社会责任投资交互项对企业雇员离职率的影响，结果显示社会资本、薪资水平和企业社会责任交互项对企业雇员离职率的影响显著（分别为 $\beta = -0.241, p < 0.1$ 和 $\beta = -0.093, p < 0.05$ 见表 6-2，模型 4），这说明当企业雇员薪资水平越高的时候，社会资本对企业雇员的离职率的抑制作用越强，假设 3 得到验证。

6.5 结 论

本章基于第五章的研究，在社会资本对企业社会责任投资具有正向促进作用的基础上，研究社会资本对企业雇员离职率的影响以及企业社会责任投资在这一关系中的中介作用。此外还考虑了企业雇员的薪资水平对这一中介作用的调节效应。以中国私营企业为研究样本，本研究结果显示，社会资本对企业雇员离职率产生负效应，即社会资本可以降低企业雇员的离职。雇员的社会认知能力、企业的社会责任投资在这一关系中具有中介作用，同时企业雇员的薪水水平可以调节这一中介效应。即雇员薪资水平越高，企业社会责任投资对雇员离职率的负效应越明显，在这一条件下，社会资本越能降低雇员的离职率。

研究结论与展望 **7**

7.1　主要结论

习近平总书记站在全局和战略高度提出的"亲""清"政企关系，揭示了我国新型政企关系的本质，深刻阐明了构建新型政企关系的原则和方向。如何建立良性循环的政企关系是推动企业健康发展、促进社会主义市场经济体制不断完善的关键。本书以构建健康的新型政企关系为研究主旨，对中国当下私营企业政企关系的构建和作用机制进行了剖析。

首先以资源依赖理论为理论基础，从一个动态的视角，分析了企业构建社会资本的动因，即社会资本在企业不同生命周期担任的不同角色。数据结果显示，社会资本在一定程度上能为企业构建和实现竞争优势，企业可以利用社会资本促使相关的政策制定更利于自身的生存、发展与成功。同时，社会资本对企业合法化以及市场战略的实施具有促进作用，并有利于企业对市场危机的应对。

其次，本书以社会交换理论为依据解释了中国私营企业为何热衷于政企关系的构建。并具体对企业家的社会经济地位、政治地位和企业与政府关系之间的关系进行了研究。研究结果表明企业家的社会经济地位对企业与政府关系的构建具有促进作用。同时，企业家的政治地位使得企业家更容易被政府所关注，从而对社会资本产生积极影响。而企业的创新程度和国际化程度在这一积极关系中具有调节效应。企业的创新程度越高，则企业家的社会经济地位对其社会资本构建的作用就越小。企业的国际化程度越高，则企业家的政治地位对其社会资本构建的作用就越大。

再次，本书针对中国私营企业热衷于社会责任这一问题进行了探讨，对政企关系和企业社会责任之间的关系进行了剖析。第一步以中国私营企业作为样本，针对中国企业的特征对企业社会责任的相关指标选取进行了调整，采取成熟的测量与模型计算方法，对中国企业社会责任的过度投资行为进行了甄别，将样本企业的社会责任投资区分为正常和过度投资两类，并进一步研究了社会资本对企业社会责任过度投资的影响。研究结果表明，社会资本对企业社会责任的过度投资具有显著的正相关关系。政府资源竞争对社会资本和企业社会责任投资之间的关系具有正向调节作用。

最后，本书基于社会资本对企业社会责任投资具有正向促进作用的研究基础，对社会资本在企业雇员离职率中的作用进行了进一步探讨。同时还研究了企业社会责任投资在这一关系中的中介作用和企业雇员的薪资水平对这一中介作用的调节效应。研究结果显示，社会资本对企业雇员离职率产生负效应，即社会资本可以降低企业雇员的离职，企业的社会责任投资在这一关系中具有中介作用。企业雇员的薪资水平对这一中介作用具有调节效应。在雇员薪资水平越高的时候，企业社会责任对雇员离职率的负效应越明显，社会资本对雇员离职率的抑制作用就越明显。

7.2　研究意义与启示

7.2.1　研究意义

首先，本书拓展了以往政企关系的研究。以往研究注重社会资本的作用机制，本研究从政企关系的起源出发，首先解释了企业"为何构建"及"如何构建"社会资本的问题。有助于企业家在组建和改变团队结构时对成员的选择。选择具有社会资本的成员有利于企业应对政府的管制，有社会资本的人可以在企业与组织间发挥调节作用。同时，社会资本作为企业的一种优势资源，其作用机制在企业不同阶段面对不同问题时应有所不同。真正理解社会资本构建的动因，需对社会资本在企业整个成长过程中的不同作用进行了解。如社会资本可以促进企业的合法化，减少企业交易成本和信息获得成本，还可以帮助企业更好地制定和实施市场战略及非市场战略。针对以往研究关于社会资本对企业影响的不一致结论，本书区分了企业成长阶段的不同情景，并对不同情景下社会资本对企业的作用机制进行了分析，剖析了政企关系对企业影响的两面性，为深入理解社会资本及"亲""清"政商关系的构建提供了理论指导。其次，本书从企业家的社会经济地位和政治地位出发，分析了什么样的企业倾向于并且能够构建社会资本，丰富了转型经济体制下企业政治行为的研究。本书将企业不同类型的市场战略导向纳入分析范围，解释了企业在什么情况下需要构建社会资本，在什么情况下社会资本则不利于企业的成长。厘清了社会资本构建中的个人影响因素及企业战略层次的影响因素，深化了关于中国企业与政府关系的研究。就实践层次而言，本研究可为企业家和潜在的企业家提供意见参考，即根据自身及企业的实际情况衡量是否应构建社会资本，以及在有社会资本的前提下如何合理地制定企业的市场战略。企业家可以利用其自身的社会经济地位及政治地位，迎合企业的战略需要及长期发展来选择是否构建社会资本。

此外，通过对社会资本与企业社会责任之间的关系进行研究，本书对企业社会责任研究领域做出以下贡献。（1）虽然近年来许多学者研究了企业社会责任投资的前因及后果，但很少有研究考虑到企业社会责任投资的合理性问题。本书区分了企业社会责任的过度投资，这种区分具有重要意义，因为它揭示了企业社会责任投资的负面影响。这为企业社会责任投资的相关研究提供了一个客观的角度，有利于进一步探索企业社会责任在企业运营中的具体影响机制。（2）本研究加深了关于企业为何参与社会责任活动的理解。虽然有学者对社会资本和企业社会责任投资之间的关系进行了深入的探讨（如 Marquis et al.，2013），但很少有研究探讨这种关系对于企业运营的具体影响。本研究基于资源依赖理论和社会交换理论，为社会资本在企业社会责任过度投资中的作用提供了实证证据。企业社会责任的过度投资会使企业花费更多不必要的成本，从而不利于企业绩效，本研究可以更好地评估社会资本在企业社会责任投资中的作用。（3）本研究拓展了政府资源竞争在企业社会责任投资中的作用。外部制度环境决定了企业的政府资源竞争程度，进而影响企业的投资决策。本研究为了解社会资本和企业社会责任投资之间的关系提供了一个更全面的视角。

最后，本书通过对企业与政府关系、企业社会责任投资和企业雇员离职率的研究，厘清了社会资本在企业雇员离职中的直接作用和间接作用机制，更深一步挖掘了社会资本对企业社会责任投资带来的后续效应。同时，考虑了企业雇员的薪资水平问题，利用雇员的公平感知研究社会资本在雇员离职中的作用。阐述了企业投资行为和雇员公平感知及离职行为这一综合作用机制，为企业薪资制度的制定，以及企业资源的分配提供了决策指导。

7.2.2　对中国私营企业的启示

本书为经济转型中的企业家决策提供了指导。首先，对社会资本构建的研究有利于企业从人力资源角度分析目前高管团队的资源结构，有助于关键政治资源的发掘和高管团队的建设。其次，社会资本对企业不同阶段不同问题的影响机制研究有助于企业对社会资本的有效性进行及时甄别，从而可以高效合理地利用政治资源。此外，经济转型中企业社会责任的履行较为普遍，甚至被视为企业的一种义务。而企业社会责任会直接或间接地影响企业绩效，因此企业家需要在社会效益和企业利润之间进行权衡。作为一种企业战略，企业社会责任可以表现出企业的社会公益意识，同时也能使企业更好地实现经济目标。然而在经济转型中，政府主导的经济体制容易使企业更受到政府的影响，而企业经济目标的实现需要更多地依赖于政府（Peng，2001）。在这样的背景下，许多企业都利用社会资本寻求资源，政治上的联系也促使企业将社会责任投资作为一种与政府间的互惠交换。但企业的社会投资对于企业绩效而言是否合理却不得而知。本书揭示了社会资本的双重作用，它为企业的社会责任投资行为提供了客观的参考依据。而由于企业对政府资源的依赖，社会资本激励着企业的社会责任投资，这种依赖性也受到政府资源竞争程度的影响。本书解释了政府资源竞争程度对社会资本和企业社会责任过度投资之间关系的调节作用。研究结果可以帮助企业家在战略上根据政府资源竞争程度的不同来建立或维持社会资本，有助于企业家采取更理性的态度进行社会责任投资。最后，本书对社会资本、社会责任投资和雇员离职关系的研究有利于企业非市场战略的制定，有助于企业更好地权衡非市场战略和人力资源的投入，为企业资源利用的合理性提供指导意见。

7.3.3　政策启示

如何厘清政企界限、建立正确的政企关系是习近平总书记"亲""清"政企关系的思想核心。政企关系作为衡量市场发展水平和社会文明程度的标尺，"亲""清"政企关系的构建将有利于整个社会的发展和进步。

本书对社会资本的系列研究剖析了企业构建及利用社会资本的动因和社会资本对企业的作用机制，有助于企业健康政企关系的构建。而合理的政企关系必须从政策上促进和落实，具体应包含以下几个方面。

（1）加强政企关系的法治化建设

法治有助于营造有效的政企关系。政府部门对于企业行为和决策应不与干预，并建立通畅有效的政企沟通机制，对企业的反映和诉求及时进行处理。市场信用体系的建设及电子政务的应用也是"亲""清"政企关系构建的关键动力。

（2）完善政企关系的政策体系

政企关系的改进是一个持续深入、不断改革创新的过程，其治理和健康秩序的形成必须依靠规范的制度来支撑。可以建立一套完整的政策体系，开发一系列科学的指标体系对政企关系进行度量，从而有利于厘清政府与企业的活动边界，有助于加强深化党风廉政建设以及政府领导干部服务企业的正向激励。

（3）强化权力约束

建立管理制度，规范业务流程，健全运行机制，实施简政放权，规范行政审批以提高行政效率。完善监督体系，接受广泛监督，将办事制度、流程及结果透明化，强化执纪执法部门的监督作用，形成完善的监督网络体系。

（4）细化交往规范

利用数字化平台对政企关系进行监督与规范，提高纪检监察效能，完善政企沟通互动长效机制。采取政企会商等渠道使企业可以主动同政府部门进行交流，全面听取企业意见和合理诉求，鼓励企业参与涉企政策的制定。

7.4　研究局限及展望

首先，尽管本书样本地域跨越较大，但没有避免行业背景和地域环境的局限。例如，一些企业大多是非生产企业，不存在产品开发及产品生产环节。而且很多企业处于政府监管行业，在这些行业中，企业就更加依赖于社会资本，并将社会资本作为商业模式的一部分（Andrew，2009），依靠其获得企业的长期发展。而且由于企业社会责任的数据来源于企业的自我报告，一些报告的企业社会责任投资数额可能反映"社会期望值"，从而使实际社会责任投资额产生偏差。下一步将进一步研究社会资本对不同类型企业（如新创公司、从事新产品和技术的开发、在新的商业计划下逐渐成长的企业）影响的不同之处，从而使我们更好地理解社会资本在不同企业中的作用。而且在下一步的数据选取上，会使用一些上市公司的公开数据，使数据更具有客观性。

　　另外，本书没有对企业与其竞争者共有的社会资本进行分析。企业也可以通过社会资本去影响相关政策的制定，使政策更有利于自己，从而使自己在竞争中比竞争者具有更多优势。但当企业与竞争对手拥有共同的社会资本时，社会资本对企业成长及绩效的作用机制应该会发生改变。因此，企业与政策制定者、竞争者之间的交互影响关系是下一个值得关注的领域。本书仅从利益获取的动机角度探讨了社会资本与企业社会责任过度投资之间的关系，忽视了企业本身的道德动机。实际上企业的道德动机也会促使企业对社会责任进行投资，下一步研究将会把道德动机考虑在内，研究不同动机下，企业社会责任的投资行为的不同。

　　最后，本书仅关注于经济转型下的国家，但是社会资本并不是转型经济国家所特有的（Sheng 等，2011）。很多发达国家依然存在企业与政府间的社会资本影响企业竞争的问题，如美国和西欧一些国家。因此下一步将对不同经济环境国家的企业与政府关系进行对比研究，以进一步丰富对社会资本的认识。

参考文献

安灵，白艺昕，何雪峰，2010. 企业政治关联及其经济后果研究综述 [J]. 商业研究，（9）：67-71.

陈冬华，2003. 地方政府，公司治理与补贴收入 [J]. 财经研究，（9）：15-21.

陈晓，李静，2001. 地方政府财政行为在提升上市公司业绩中的作用探析 [J]. 会计研究，（12）：20-28.

陈永正，贾星客，李极光，2005. 企业社会责任的本质，形成条件及表现形式 [J]. 云南师范大学学报（哲学社会科学版），37（3）：34-42.

崔勋，2003. 员工个人特性对组织承诺与离职意愿的影响研究 [J]. 南开管理评论，（4）：4-11.

邓新明，叶珍，2019. 政治关联是否影响行业和地域多元化战略的绩效产出？——来自中国民营部门的证据 [J]. 云南财经大学学报，35（8）：43-52.

丁贞，2010. 高管的政治关联与 R&D 投入的相关性研究——基于制造业和信息技术产业上市公司数据 [J]. 山东纺织经济，（12）：5-7.

杜兴强，郭剑花，雷宇 2010. 政治联系方式与民营企业捐赠：度量方法与经验证据 [J]. 财贸研究，21（1）：89-99.

冯天丽，井润田，王国锋，2008. 转型期中国私营企业经营环境及企业家行为的理论解释 [J]. 管理学家：学术版，（5）：432-42.

高勇强，何晓斌，李路路，2011. 民营企业家社会身份，经济条件与企业慈善捐赠

[J]. 经济研究，(12)：111-23.

郝颖，刘星，2011. 政府干预，资本投向与结构效率 [J]. 管理科学学报，14（4）：
    52-73.

贺子龙，2009. 不同股权结构下高管的政府背景对公司价值的影响 [D]. 上海：上
    海交通大学.

胡旭阳，2006. 民营企业家的政治身份与民营企业的融资便利——以浙江省民营
    百强企业为例 [J]. 管理世界，(5)：107-13.

胡旭阳，史晋川，2008. 民营企业的政治资源与民营企业多元化投资——以中国民
    营企业 500 强为例 [J]. 中国工业经济，(4)：5-14.

黄新建，刘玉婷，2019. 政治关联、特许经营权与经营业绩 [J]. 软科学，33（2）：
    75-80.

贾明，张喆，2010. 高管的政治关联影响公司慈善行为吗？[J]. 管理世界，(4)：99-
    113.

嵇尚洲，田思婷，2019. 政治关联、董事会治理对企业业绩影响的实证检验 [J].
    统计与决策，35（6）：178-181.

孔令军，2008. 转型时期中国企业社会责任研究 [D]. 吉林：吉林大学.

雷宏振，贾昱，2010. 雇员离职引发的组织知识流失探析——基于群体离职视角
    [J]. 软科学，24（9）：115-19.

李春玲，2005. 当代中国社会的声望分层——职业声望与社会经济地位指数测量
    [J]. 社会学研究，2（74）：102 − 17.

李华军，张光宇，2009. 高新技术企业知识型员工流失风险管理——基于心理契约
    的视角 [J]. 科技进步与对策，26（8）：153-56.

李洪兴，2020. 把亲和清统一起来 [N]. 人民日报 06-17（004）.

李四海，2010. 制度环境，政治关系与企业捐赠 [J]. 中国会计评论，(2)：161-78.

梁建，陈爽英，盖庆恩，2010. 民营企业的政治参与，治理结构与慈善捐赠 [J]. 管
    理世界，(7)：109-18.

梁莱歆，冯延超，2010. 民营企业政治关联，雇员规模与薪酬成本 [J]. 中国工业经济，（10）：127-37.

凌文辁，张治灿，2000. 中国职工组织承诺的结构模型研究 [J]. 管理科学学报，3（2）：76-81.

刘慧龙，张敏，王亚平，吴联生，2010. 政治关联，薪酬激励与员工配置效率 [J]. 经济研究，（9）：109-21.

刘亚莉，2007. 股份公司捐赠中的利益冲突与衡平 [D]. 北京：中国政法大学 .

卢代富，2002. 公司社会责任的经济学与法学分析 [M]. 北京：法律出版社 .

罗党论，黄琼宇，2008. 民营企业的政治关系与企业价值 [J]. 管理科学，21（6）：21-28.

罗党论，刘晓龙，2009. 政治关系，进入壁垒与企业绩效——来自中国民营上市公司的经验证据 [J]. 管理世界，（5）：97-106.

聂辉华，2003. 企业：一种人力资本使用权交易的黏性组织 [J]. 经济研究，（8）：34-40.

潘红波，夏新平，余明桂，2008. 政府干预，政治关联与地方国有企业并购 [J]. 经济研究，（4）：41-52.

潘克勤，2009. 实际控制人政治身份降低债权人对会计信息的依赖吗——基于自我约束型治理视角的解释和实证检验 [J]. 南开管理评论，（5）：38-46.

彭中文，倪佳杰，2014. 政治关联，内部治理与企业社会责任——基于高端装备制造业上市公司的面板数据 [J]. 湘潭大学学报（哲学社会科学版），38（4）：51-54.

屈晓华，2003. 企业社会责任演进与企业良性行为反应的互动研究 [J]. 管理现代化，（5）：13-16.

任红军，梁巧转，2005. 企业的创新能力，行业地位与员工离职意图的关系研究 [J]. 南开管理评论，（4）：50-53.

山立威，甘梨，郑涛，2008. 公司捐款与经济动机 [J]. 经济研究，（11）：51-60.

苏方国，赵曙明，2005. 组织承诺，组织公民行为与离职倾向关系研究 [J]. 科学学与科学技术管理，26（8）：111-16.

王成方，林慧，于富生，2013. 政治关联，政府干预与社会责任信息披露 [J]. 山西财经大学学报，（2）：72-82.

王利平，高伟，张学勇，2010. 民营企业政治关联：一个多视角的分析 [J]. 商业经济与管理，（12）：18-23.

王永贵，刘菲，2019. 网络中心性对企业绩效的影响研究——创新关联、政治关联和技术不确定性的调节效应 [J]. 经济与管理研究，40（5）：113-127.

卫武，2006. 中国环境下企业政治资源，政治策略和政治绩效及其关系研究 [J]. 管理世界，（2）：95-109.

卫武，李克克，2009. 基于政府角色转换的企业政治资源，策略与绩效之间的相互影响 [J]. 管理科学学报，12（2）：31-43.

卫武，田志龙，刘晶，2004. 我国企业经营活动中的政治关联性研究 [J]. 中国工业经济，（4）：67-75.

翁清雄，席酉民，2010. 职业成长与离职倾向：职业承诺与感知机会的调节作用 [J]. 南开管理评论，（2）：119-31.

吴文锋，吴冲锋，刘晓薇，2008. 中国民营上市公司高管的政府背景与公司价值 [J]. 经济研究，（7）.

吴文锋，吴冲锋，芮萌，2009. 中国上市公司高管的政府背景与税收优惠 [J]. 管理世界，（3）.

杨治，路江涌，陶志刚，2007. 政治庇护与改制：中国集体企业改制研究 [J]. 经济研究，（5）：104-14.

叶仁荪，郭耀煌，2003. 企业员工离职的博弈分析模型 [J]. 系统工程，21（3）：87-90.

叶仁荪，王玉芹，2004. 国有企业员工退出行为的博弈分析 [J]. 上海管理科学，（6）：52-54.

余明桂，回雅甫，潘红波，2010. 政治联系，寻租与地方政府财政补贴有效性 [J]. 经济研究，（3）：65-77.

曾萍，黄紫薇，汪金爱，2020. 政治关联与商业模式创新：吸收能力的调节效应 [J]. 科研管理，41（4）：151-159.

周霖，蔺楠，2019. 企业政治关联对风险投资引入方式的影响——激励机制与监督机制的调节作用 [J]. 科技进步与对策，36（20）：1-10.

张本照，许金菁，2007. 高新技术企业人才流失问题研究 [J]. 现代管理科学，（2）：85-86.

张川，娄祝坤，詹丹碧，2014. 政治关联，财务绩效与企业社会责任——来自中国化工行业上市公司的证据 [J]. 管理评论，26（1）：130-39.

张传良，2005. 中外企业慈善捐赠状况对比调查 [J]. 中国企业家，（17）：28-30.

张建君，张志学，2005. 中国民营企业家的政治战略 [J]. 管理世界，（7）：94-105.

张建琦，汪凡，2003. 民营企业职业经理人流失原因的实证研究——对广东民营企业职业经理人离职倾向的检验分析 [J]. 管理世界，（9）：129-35.

张萍，梁博，2012. 政治关联与社会责任履行——来自中国民营企业的证据 [J]. 上海立信会计学院学报，26（5）：14-23.

张祥建，郭岚，2010. 政治关联的机理，渠道与策略：基于中国民营企业的研究 [J]. 财贸经济，（9）：99-104.

赵西萍，刘玲，张长征，2003. 员工离职倾向影响因素的多变量分析 [J]. 中国软科学，（3）：71-74.

周祖城，2005. 企业伦理学 [M]. 北京：清华大学出版社 .

Abelson P. H. 1986. Evolving state-university-industry relations[J]. Science, 231(4736): 317.

Adams M., Hardwick P. 1998. An analysis of corporate donations: United Kingdom evidence[J]. Journal of Management Studies, 35(5): 641-54.

Adler N., Boyce T., Chesney M. 1994. Socioeconomic status and health: The challenge of the gradient. [J]. American Psychologist, 49(1): 15-24.

Aiken L. S., West S. G, 1991. Multiple Regression: Testing and Interpreting Interactions[M]. Newbury Park, CA: Sage Publications.

Aldrich H. E., Fiol C. M, 1994. Fools rush in? The institutional context of industry creation[J]. Academy of Management Review, 19(4): 645-70.

Arnaud S., Wasieleski D. M, 2014. Corporate humanistic responsibility: Social performance through managerial discretion of the HRM[J]. Journal of Business Ethics, 120(3): 313-34.

Arya B., Zhang G, 2009. Institutional reforms and investor reactions to CSR announcements: Evidence from an emerging economy[J]. Journal of Management Studies, 46(7): 1089-112.

Baltagi B. H., Chang Y.-J, 1994. Incomplete panels: A comparative study of alternative estimators for the unbalanced one-way error component regression model[J]. Journal of Econometrics, 62(2): 67-89.

Barnea A., Rubin A, 2010. Corporate social responsibility as a conflict between shareholders[J]. Journal of Business Ethics, 97(1): 71-86.

Barnett C. K., Pratt M. G, 2000. From threat-rigidity to flexibility: Toward a learning model of autogenic crisis in organizations[J]. Journal of Organizational Change Management, 13(1): 74-88.

Barney J, 1991. Firm resources and sustained competitive advantage[J]. Journal of Management, 17(1): 99-120.

Baum J. A. C., Korn H. J, 1996. Competitive dynamics of interfirm rivalry[J]. The Academy of Management Journal, 39(2): 255-91.

Berens G., Riel C. B. v., Bruggen G. H. v, 2005. Corporate associations and consumer product responses: The moderating role of corporate brand dominance[J]. Journal of Marketing, 69(3): 35-48.

Bertrand M., Kramarz F., Schoar A., Thesmar D, 2004. Politically connected CEOs and corporate outcomes: Evidence from France[J]. Working Paper.

Bhagat S., Carey D. C., Elson C. M, 1999. Director ownership, corporate performance, and management turnover[J]. The Business Lawyer, 54(3): 885-919.

Blau P. M, 1964. Justice in social exchange[J]. Sociological Inquiry, 34(2): 193-206.

Bluedom A. C, 1982. A unified model of turnover from organizations[J]. Human Relations, 35(2): 135-53.

Boisot M., Child J, 1996. From fiefs to clans and network capitalism: Explaining China's emerging economic order[J]. Administrative Science Quarterly, 41(4): 600-28.

Boudreau J. W., Berger C. J, 1985. Decision-theoretic utility analysis applied to employee separations and acquisitions[J]. Journal of Applied Psychology, 70(3): 581.

Brown S. P., Leigh T. W, 1996. A new look at psychological climate and its relationship to job involvement, effort, and performance[J]. Journal of Applied Psychology, 81(4): 358.

Bushman R. M., Piotroski J. D., Smith A. J, 2004. What determines corporate transparency? [J]. Journal of Accounting Research, 42(2): 207-52.

Carroll A. B, 1991. The pyramid of corporate social responsibility: Toward the moral management of organizational stakeholders[J]. Business Horizons, 34(4): 39-48.

Carroll R., Joulfaian D, 2005. Taxes and corporate giving to charity[J]. Public Finance Review, 33(3): 300-17.

Cavusgil S. T., Zou S, 1994. Marketing strategy-performance relationship: An investigation of the empirical link in export market ventures[J]. Journal of Marketing, 58(1): 1-21.

Chan K. F., Lau T, 2005. Assessing technology incubator programs in the science park:

the good, the bad and the ugly[J]. Technovation, 25(10): 1215-28.

Chen X., Wu J, 2011. Do different guanxi types affect capability building differently ? A contingency view[J]. Industrial Marketing Management, 40(4): 581-92.

Chwee Ming Tee, 2020. Political connections and income smoothing: Evidence of institutional investors' monitoring in Malaysia[J]. Journal of Multinational Financial Management,55.

Chung H. K, 2004. Business groups in Japan and Korea: theoretical boundaries and future direction[J]. International Journal of Political Economy, 34(3): 67-98.

Claessens S., Feijen E., Laeven L, 2008. Political connections and preferential access to finance: The role of campaign contributions[J]. Journal of Financial Economics, 88(3): 554-80.

Conner K. R, 1991. A Historical Comparison of Resource-Based Theory and Five Schools of Thought Within Industrial Organization Economics: Do We Have a New Theory of the Firm?[J]. Journal of Management, 17(1): 121-54.

Cropanzano R., Mitchell M. S, 2005. Social exchange theory: An interdisciplinary review[J]. Journal of Management, 31(6): 874-900.

Dalton D. R., Todor W. D, 1979. Turnover turned over: An expanded and positive perspective[J]. Academy of Management Review, 4(2): 225-35.

Davila A., Foster G., Jia N, 2010. Building Sustainable High-Growth Startup Companies: Management Systems as an Accelerator[J]. California management review, 5(3): 79-106.

Davis K, 1960. Can business afford to ignore social responsibilities?[J]. California Management Review, 2(3): 70-76.

De Hoogh A. H., Den Hartog D. N Y, 2008. Ethical and despotic leadership, relationships with leader's social responsibility, top management team effectiveness and subordinates' optimism: A multi-method study[J]. The

Leadership Quarterl, 19(3): 297-311.

Delmar F., Shane S, 2004. Legitimating first: Organizing activities and the survival of new ventures[J]. Journal of Business Venturing, 19(3): 385-410.

Detomasi D. A, 2008. The political roots of corporate social responsibility[J]. Journal of Business Ethics, 82(4): 807-19.

Du J., Girma S, 2010. Red capitalists: Political connections and firm performance in China[J]. Kyklos, 63(4): 530-45.

Dutton J. E., Dukerich J. M., Harquail C. V, 1994. Organizational images and member identification[J]. Administrative Science Quarterly, 39(2): 239-63.

Emerson R. M, 1976. Social exchange theory[J]. Annual review of sociology, 2(1): 335-62.

Fabrizi M., Mallin C., Michelon G, 2014. The role of CEO's personal incentives in driving Corporate Social Responsibility[J]. Journal of Business Ethics, 124(2): 311-26.

Faccio M, 2006. Politically connected firms[J]. The American economic review, 96(1): 369-86.

Fan J. P., Wong T. J., Zhang T, 2007. Politically connected CEOs, corporate governance, and Post-IPO performance of China's newly partially privatized firms[J]. Journal of Financial Economics, 84(2): 330-57.

Feng T., Wang G, 2010. How private enterprises establish organizational legitimacy in China's transitional economy[J]. Journal of Management Development, 29(4): 377-93.

Ferguson T., Voth H.-J, 2008. Betting on Hitler: The value of political connections in Nazi Germany[J]. The Quarterly Journal of Economics, 123(1): 101-37.

Fernhaber S. A., Li D, 2012. International exposure through network relationships: Implications for new venture internationalization[J]. Journal of Business

Venturing, 28(22): 316-34.

Ferris W. P, 2008. A new issue continuing our themes of corporate social responsibility, globalization, and cutting edge management education[J]. Organization Management Journal, 5(3): 115-16.

Fisman R, 2001. Estimating the value of political connections[J]. The American economic review, 91(4): 1095-102.

Flamholtz E. G., Das T., Tsui A. S, 1985. Toward an integrative framework of organizational control[J]. Accounting, Organizations and Society, 10(1): 35-50.

Friedman M, 2007. The Social Responsibility of Business is to Increase Its Profits[M]. New Rork: Springer.

Gallego-Alvarez I., Manuel Prado-Lorenzo J., García-Sánchez I.-M, 2011. Corporate social responsibility and innovation: A resource-based theory[J]. Management Decision, 49(10): 1709-27.

Gartner W. B., Carter N. M, 2003. Entrepreneurial Behavior and Firm Organizing Processes[M]. Handbook of Entrepreneurship Research: 195-221. Springer.

Glad E., Partridge M., Perren L., Becker H, 1996. Activity-based Costing and Management[M]. New York: Wiley.

Goldman E., Rocholl J., So J, 2009. Do politically connected boards affect firm value? [J]. Review of Financial Studies, 22(6): 2331-60.

Graafland J., Van de Ven B., Stoffele N, 2003. Strategies and instruments for organising CSR by small and large businesses in the Netherlands[J]. Journal of Business Ethics, 47(1): 45-60.

Griffin J. J., Mahon J. F, 1997. The corporate social performance and corporate financial performance debate twenty-five years of incomparable research[J]. Business & Society, 36(1): 5-31.

Hambrick D. C., Mason P. A, 1984. Upper echelons: The organization as a reflection of its top managers[J]. The Academy of Management Review, 9(2): 193-206.

Hamilton B. H., Nickerson J. A, 2003. Correcting for endogeneity in strategic management research[J]. Strategic Organization Science, 1(1): 51-78.

Hammann E. M., Habisch A., Pechlaner H, 2009. Values that create value: socially responsible business practices in SMEs–empirical evidence from German companies[J]. Business Ethics: A European Review, 18(1): 37-51.

Hammond S. A., Slocum Jr J. W, 1996. The impact of prior firm financial performance on subsequent corporate reputation[J]. Journal of Business Ethics, 15(2): 159-65.

Helm S, 2007. One reputation or many? Comparing stakeholders' perceptions of corporate reputation[J]. Corporate Communications: An International Journal, 12(3): 238-54.

Hendrix W. H., Robbins T., Miller J., Summers T. P, 1998. Effects of procedural and distributive justice on factors predictive of turnover[J]. Journal of Social Behavior and Personality, 13(4): 611-32.

Hillman A. J., Keim G. D, 2001. Shareholder value, stakeholder management, and social issues: what's the bottom line? [J]. Strategic Management Journal, 22(2): 125-39.

Hillman A. J., Keim G. D., Schuler D, 2004. Corporate political activity: A review and research agenda[J]. Journal of Management, 30(6): 837-57.

Hillman A. J., Withers M. C., Collins B. J, 2009. Resource dependence theory: A review[J]. Journal of Management, 35(6): 1404-27.

Hoskisson R. E., Eden L., Lau C. M., Wright M, 2000. Strategy in emerging economies [J]. Academy of management journal, 43(3): 249-67.

Igharia I., Greenhaus J, 1992. The career advancement prospects of managers and professionals[J]. Decision Sciences, 23(2): 478-500.

Jamali D., Mirshak R, 2007. Corporate social responsibility (CSR): Theory and practice in a developing country context[J]. Journal of Business Ethics, 72(3): 243-62.

Jayachandran S, 2006. Selling labor low: Wage responses to productivity shocks in developing countries[J]. Journal of Political Economy, 114(3): 538-75.

Johanson J., Mattsson L. G, 1987. Interorganizational relationship in industrial systems: A network approach compared with the transaction cost approach[J]. International Studies of Management and Organization, 17(1): 34-48.

Johnson S., Mitton T, 2003. Cronyism and capital controls: Evidence from Malaysia[J]. Journal of Financial Economics, 67(2): 351-82.

Jones E., Kantak D. M., Futrell C. M., Johnston M. W, 1996. Leader behavior, work-attitudes, and turnover of salespeople: An integrative study[J]. Journal of Personal Selling & Sales Management, 16(2): 13-23.

Karpoff J. M., Lott Jr J. R., Wehrly E. W, 2005. The Reputational Penalties for Environmental Violations: Empirical Evidence*[J]. Journal of Law and Economics, 48(2): 653-75.

Kaydo C, 1997. Overturning turnover: Constant turnover in a sales force can stifle morale, revenue, and customer relationships[J]. Sales and Marketing Management-New York, 149(2): 50-63.

Kazanjian R. K., Drazin R, 1990. A stage-contingent model of design and growth for technology based new ventures[J]. Journal of Business Venturing, 5(3): 137-50.

Keim G. D., Zeithaml C. P, 1986. Corporate political strategy and legislative decision making: A review and contingency approach[J]. Academy of Management Review, 11(4): 828-43.

Kim P. H., Aldrich H. E., Keister L. A, 2006. Access (not) denied: The impact of financial, human, and cultural capital on entrepreneurial entryin the United States[J]. Small Business Economics, 27(1): 5-22.

Koontz H, 1980. The management theory jungle revisited[J]. Academy of Management

Review, 5(2): 175-88.

Laursen K., Salter A, 2005. Open for innovation: the role of openness in explaining innovation performance among U.K. manufacturing firms[J]. Strategic Management Journal, 27(2): 131-50.

Li H., Meng L., Wang Q., Zhou L.-A, 2008. Political connections, financing and firm performance: Evidence from Chinese private firms[J]. Journal of Development Economics, 87(2): 283-99.

Li H., Zhang Y, 2007. The role of managers' political networking and functional experience in new venture performance: Evidence from China's transition economy[J]. Strategic Management Journal, 28(8): 791-804.

Liu X., Garcia P., Vredenburg H, 2014. CSR adoption strategies of Chinese state oil companies: effects of global competition and cooperation[J]. Social Responsibility Journal, 10(1): 38-52.

Luo X., Bhattacharya C. B, 2009. The debate over doing good: Corporate social performance, strategic marketing levers, and firm-idiosyncratic risk[J]. Journal of Marketing, 73(6): 198-213.

Luo Y., Xue Q., Han B, 2010. How emerging market governments promote outward FDI: Experience from China [J]. Journal of World Business, 45(1): 68-79.

Lynn Stallworth H, 2003. Mentoring, organizational commitment and intentions to leave public accounting[J]. Managerial Auditing Journal, 18(5): 405-18.

Lys T., Naughton J. P., Wang C, 2015. Signaling through corporate accountability reporting[J]. Journal of Accounting and Economics, 60(1): 56-72.

Ma D., Parish W. L, 2006. Tocquevillian moments: Charitable contributions by Chinese private entrepreneurs[J]. Social Forces, 85(2): 943-64.

March J. G., Simon H. A, 1958. Organizations[M]. England: Wiley Organizations.

Margolis J. D., Walsh J. P, 2003. Misery loves companies: Rethinking social initiatives by business[J]. Administrative Science Quarterly, 48(2): 268-305.

Marquis C., Qian C, 2013. Corporate social responsibility reporting in China: Symbol or substance? [J]. Organization Science, 25(1): 127-48.

Marsh R. M., Mannari H, 1977. Organizational commitment and turnover: A prediction study[J]. Administrative Science Quarterly, 22(1): 57-75.

Masterson S. S, 2001. A trickle-down model of organizational justice: relating employees' and customers' perceptions of and reactions to fairness[J]. Journal of Applied Psychology, 86(4): 594.

Matten D., Moon J, 2008. "Implicit" and "explicit" CSR: a conceptual framework for a comparative understanding of corporate social responsibility[J]. Academy of Management Review, 33(2): 404-24.

Mcevoy G. M., Cascio W. F, 1987. Do good or poor performers leave? A meta-analysis of the relationship between performance and turnover[J]. Academy of management journal, 30(4): 744-62.

McWilliams A., Siegel D. S., Wright P. M, 2006. Corporate social responsibility: Strategic implications[J]. Journal of Management Studies, 43(1): 1-18.

Miller D, 1992. Environmental fit versus internal fit[J]. Organization Science, 3(2): 159-78.

Miller D., Friesen P. H, 1982. Innovation in conservative and entrepreneurial firms: Two models of strategic momentum [J]. Strategic Management Journal, 3(1): 1-25.

Mitchell M. S., Ambrose M. L, 2007. Abusive supervision and workplace deviance and the moderating effects of negative reciprocity beliefs[J]. Journal of Applied Psychology, 92(4): 1159.

Mitnick B. M, 1993. The strategic uses of regulation and deregulation[J]. Business Horizons, 24(2): 71-83.

Mobley W. H, 1982. Some unanswered questions in turnover and withdrawal research[J]. Academy of Management Review, 7(1): 111-16.

Mobley W. H., Horner S. O., Hollingsworth A. T, 1978. An evaluation of precursors of hospital employee turnover[J]. Journal of Applied Psychology, 63(4): 408.

Muchinsky P. M., Tuttle M. L, 1979. Employee turnover: An empirical and methodological assessment[J]. Journal of Vocational Behavior, 14(1): 43-77.

Neiheisel S. R, 1994. Corporate Strategy and the Politics of Goodwill[M]. New York: Peter Lang.

Kebin Deng, Haijian Zeng, Yushu Zhu,2019. Political connection, market frictions and financial constraints: evidence from China[J]. Accounting & Finance, 59(4).

O'Grady S., Lane H. W, 1996. The psychic distance paradox[J]. Journal of International Business Studies, 27(2): 309-33.

O'Hagan J., Harvey D, 2000. Why do companies sponsor arts events? Some evidence and a proposed classification[J]. Journal of Cultural Economics, 24(3): 205-24.

Okhmatovskiy I, 2010. Performance implications of ties to the government and SOEs: A political embeddedness perspective[J]. Journal of Management Studies, 47(6): 1020-47.

Orlitzky M, 2013. Corporate social responsibility, noise, and stock market volatility[J]. The Academy of Management Perspectives, 27(3): 238-54.

Orlitzky M., Benjamin J. D, 2001. Corporate social performance and firm risk: A meta-analytic review[J]. Business & Society, 40(4): 369-96.

Park S. H., Luo Y, 2001. Guanxi and organizational dynamics: Organizational networking in Chinese firms[J]. Strategic Management Journal, 22(5): 455-77.

Peng M. W., Heath P. S, 1996. The growth of the firm in planned economies in transition: Institutions, organizations, and strategic choice[J]. Academy of Management Review, 21(2): 492-528.

Peng M. W., Luo Y, 2000. Managerial ties and firm performance in a transition economy: The nature of a micro-macro link[J]. Academy of Management Journal, 43(3): 486-501.

Peng M. W., Shekshnia S. V, 2001. How entrepreneurs create wealth in transition economies and Executive Commentary[J]. The Academy of Management Executive, 15(1): 95-110.

Pfeffer J. S., Salancik G, 2003. The External Control of Organizations: A Resource Dependence Perspective[M]. Canifornia: Stanford University Press.

Porter L. W., Steers R. M., Mowday R. T., Boulian P. V, 1974. Organizational commitment, job satisfaction, and turnover among psychiatric technicians[J]. Journal of Applied Psychology, 59(5): 603.

Piyush Sharma, Louis T.W. Cheng, T. Y. Leung, 2020. Impact of political connections on Chinese export firms' performance – Lessons for other emerging markets[J]. Journal of Business Research, 106.

Price J. L, 1977. The Study of Turnover[M]. Lowa: Lowa State Press.

Proctor T., Doukakis I, 2003. Change management: The role of internal communication and employee development[J]. Corporate Communications: An International Journal, 8(4): 268-77.

Renneboog L., Ter Horst J., Zhang C, 2008. Socially responsible investments: Institutional aspects, performance, and investor behavior[J]. Journal of Banking & Finance, 32(9): 1723-42.

Reuber A. R., Fischer E, 1997. The influence of the management team's international experience on the internationalization behaviors of SMEs[J]. Journal of International Business Studies, 28(4): 807-25.

Richard W. Carney, Travers Barclay Child, Xiang Li, 2020. Board connections and crisis performance: Family, state, and political networks[J]. Journal of Corporate

Finance, 64.

Riketta M, 2005. Organizational identification: A meta-analysis[J]. Journal of Vocational Behavior, 66(2): 358-84.

Roberts B. E, 1990. Political institutions, policy expectations, and the 1980 election: a financial market perspective[J]. American Journal of Political Science, 34(2): 289-310.

Scherer A. G., Palazzo G, 2011. The new political role of business in a globalized world: A review of a new perspective on CSR and its implications for the firm, governance, and democracy[J]. Journal of Management Studies, 48(4): 899-931.

See G, 2009. Harmonious society and Chinese CSR: Is there really a link?[J]. Journal of Business Ethics, 89(1): 1-22.

Shaffer B, 1995. Firm-level responses to government regulation: Theoretical and research approaches[J]. Journal of Management, 21(3): 495-514.

Shamsuddoha A. K., Ali M. Y., Ndubisi N. O, 2009. Impact of government export assistance on internationalization of SMEs from developing nations[J]. Journal of Enterprise Information Management, 22(4): 408-22.

Sheng S., Zhou K. Z., Li J. J, 2011. The effects of business and political ties on firm performance: Evidence from China[J]. Journal of Marketing, 75(1): 1-15.

Shields T. G., Goidel R. K, 1997. Participation rates, socioeconomic class biases, and congressional elections: A crossvalidation[J]. American Journal of Political Science, 41(2): 683-91.

Shleifer A., Vishny R. W, 1994. Politicians and firms[J]. The Quarterly Journal of Economics, 109(4): 995-1025.

Singer J. D, 1998. Using SAS PROC MIXED to fit multilevel models, hierarchical models, and individual growth models[J]. Journal of Educational and Behavioral Statistics, 23(4): 323-55.

Slotegraaf R. J., Moorman C., Inman J. J, 2003. The role of firm resources in returns to market deployment[J]. Journal of Marketing Research, 40(1): 295-309.

Smith S. M., Alcorn D. S, 1991. Cause marketing: a new direction in the marketing of corporate responsibility[J]. Journal of Consumer Marketing, 8(3): 19-35.

Su J., He J, 2010. Does giving lead to getting? Evidence from Chinese private enterprises[J]. Journal of Business Ethics, 93(1): 73-90.

Sun P., Mellahi K., Wright M, 2012. The contingent value of corporate political ties[J]. The Academy of Management Perspectives, 26(3): 68-82.

Terpstra D. E., Olson P. D, 1993. Entrepreneurial start-up and growth: A classification of problems[J]. Entrepreneurship: Theory and Practice, 17(3): 5-21.

Tushman M., Moore W. L, 1982. Managing Innovation Over the Product Life Cycle[M]. Boston: Pitman Press.

Uhl-Bien M., Maslyn J. M, 2003. Reciprocity in manager-subordinate relationships: Components, configurations, and outcomes[J]. Journal of Management, 29(4): 511-32.

Vanhonacker W, 2000. A better way to crack China[J]. Harvard Business Review, 78(4): 20-22.

Wang H., Qian C, 2011. Corporate philanthropy and corporate financial performance: The roles of stakeholder response and political access[J]. Academy of Management Journal, 54(6): 1159-81.

Wang Q., Wong T.-J., Xia L, 2008. State ownership, the institutional environment, and auditor choice: Evidence from China[J]. Journal of Accounting and Economics, 46(1): 112-34.

Wei Z., Wu S., Li C., Chen W, 2011. Family control, institutional environment and cash dividend policy: Evidence from China[J]. China Journal of Accounting Research,

4(1): 29-46.

Weigelt C., Shittu E, 2015. Competition, regulatory policy, and firms' resource investments: The case of renewable energy technologies[J]. Academy of Management Journal, Published online.

Welch L. S., Luostarinen R. K, 1993. Inward-outward connections in internationalization[J]. Journal of International Marketing, 1(1): 44-56.

White S, 2000. Competition, capabilities, and the make, buy, or ally decisions of Chinese state-owned firms[J]. Academy of Management Journal, 43(3): 324-41.

Wicks A. C., Berman S. L., Jones T. M, 1999. The structure of optimal trust: Moral and strategic implications[J]. Academy of Management Review, 24(1): 99-116.

Wong S. H.-W, 2010. Political connections and firm performance: The case of Hong Kong[J]. Journal of East Asian Studies, 10(2): 275-313.

Wotruba T. R., Tyagi P. K, 1991. Met expectations and turnover in direct selling [J]. The Journal of Marketing, 55(3): 24-35.

Wu J, 2011. Asymmetric roles of business ties and political ties in product innovation[J]. Journal of Business Research, 64(11): 1151-56.

Xia Wang, Mingming Feng, Xiaodong Xu, 2019. Political connections of independent directors and firm internationalization: An empirical study of Chinese listed firms[J]. Pacific-Basin Finance Journal, 58.

Xin K. K., Pearce J. L, 1996. Guanxi: Connections as substitutes for formal institutional support[J]. Academy of Management Journal, 39(6): 1641-58.

Xu N., Xu X., Yuan Q, 2013. Political connections, financing friction, and corporate investment: Evidence from Chinese listed family firms[J]. European Financial Management, 19(4): 675-702.

Yi Zhang, Chun Liu, Ting Wang, 2020. Direct or indirect? The impact of political connections on export mode of Chinese private enterprises[J]. China Economic

Review, 61:102-116.

Zahra S. A, 2005. A theory of international new ventures: A decade of research[J]. Journal of International Business Studies, 36(1): 20-28.

Zhang Y., Li H, 2010. Innovation search of new ventures in a technology cluster: the role of ties with service intermediaries[J]. Strategic Management Journal, 31(1): 88-109.